청소년들의 진로와 직업 탐색을 위한
잡프러포즈 시리즈 03

미래와 싸우는

벤처캐피털리스트

미래와 싸우는
벤처캐피털리스트

유인철 지음

VENTURE
CAPITALIST

20년 후 당신은,
했던 일보다 하지 않았던 일로 인해
더 실망할 것이다.
그러므로 닻줄을 던져라.
안전한 항구를 떠나 항해하라.
당신의 돛에 무역풍을 가득 담아라.
탐험하라. 꿈꾸라.
발견하라.

– 마크 트웨인 Mark Twain –

길이 이끄는 대로 가지 마라.
길이 없는 곳으로 가서 발자국을 남겨라.

- 랄프 왈도 에머슨 Ralph Waldo Emerson -

C·O·N·T·E·N·T·S

C · O · N · T · E · N · T · S

벤처캐피털리스트 유인철의
프러포즈

벤처
캐피털리스트
유인철의
프러포즈

안녕하세요.

18년 동안 벤처캐피털리스트로 살아온
유인철입니다.

저는 여러분에게 제 직업을 제안하려고
펜을 들었습니다.

벤처캐피털리스트라는 일이
왜 중요한지 이야기 나누고 싶습니다.

여러분이 살아가는 세상은 끊임없이 변합니다.

2030년이 되면 현재 직업의 80%가 사라진다는
영국 대학의 발표도 있었어요.

우리는 나 자신도 어떻게 될지 모르는
불안한 시대에 살고 있습니다.

왜 이렇게 세상은 빨리 변하는 걸까요?

여러분은 생각해봤나요?

인류가 산업혁명을 이루기까지

수천 년

산업혁명에서 인터넷 혁명까지

200년

인터넷 혁명에서 모바일 혁명까지

10년

기술이 빠르게 발달하면서

사람들을 편리하고 건강하게 만들고 있어요.

여러분이 미래에 대해 무엇을 상상하더라도

그것은 현실로 나타날 것입니다.

그런데 질문이 하나 있습니다.

기술이 발달하면 사람들은 행복해질까요?

아니면 불행해질까요?

둘 다 아닙니다.

정답은

'아직 아무것도 정해지지 않았다.'

기술은 상업화 과정을 거쳐서 여러분을 만납니다.

그리고 사람과 사회를 크게 변화시켜요.

혁신적인 기술로 세상의 큰 변화를 일으키는

기업을 벤처기업이라고 합니다.

벤처기업이 이 세상을 선한 방향으로

변화시킬 수 있도록

물심양면으로 돕는 사람이

벤처캐피털리스트입니다.

여러분,

세상의 변화를 두려워하지 마세요.

미래와 기술 그리고 벤처기업에
여러분의 따뜻한 손을 건네기 바랍니다.

미래는 아직 정해지지 않았습니다.
이제 여러분이 정하는 일만 남았습니다.

인간에 대한 따뜻한 철학과 신념
미래기술에 대한 부푼 꿈을 가진
여러분과 만날 그날을
기다리겠습니다.

– 벤처캐피털리스트 유인철

첫인사

토크쇼 편집자 – 편

벤처캐피털리스트 유인철 – 유

편 대표님, 안녕하세요?

유 안녕하세요.

편 벤처캐피털리스트라는 직업을 가진 분이라 차가운 인상을 생각했는데 따뜻한 인상에 깜짝 놀랐습니다.

유 사람을 많이 대하는 직업이라 성격이 둥글둥글해지는 것 같아요. 차도남의 이미지도 좋지만 저같이 친근한 인상도 이 일을 하는 데 장점이 많죠.

편 저는 과학, 기술, 벤처, 기업, 투자라는 말들이 좀 낯설고 어렵게 느껴집니다. 스마트폰을 항상 사용하지만 이 프로그램을 누가 개발했는지, 그 기술이 우리에게 어떤 영향을 미쳤는지 생각하는 게 머리 아프더라고요. 저 같은 사람도 대표님의 직업을 이해하는 데 무리가 없을까요?

유 벤처기업이나 기술, 자본의 투자라고 해도 모두 사람이 하는 일이기 때문에 사람이 주인공이라고 생각합니다. 벤처캐피털리스트라는 직업 이야기도 결국 사람의 이야기가 될 것 같아요. 모든 사람들이 행복해지기 위한 기술, 자본이어야 하니까요.

편 벤처금융계에서 유명하신 대표님이 휴머니스트라는 점에 좀 놀랐습니다. 왠지 벤처캐피털리스트 직업 이야기에는 금융뿐만 아니라 인간주의의 심오한 철학과 감동이 있을 것 같아요. 온 마음과 머리를 동원해서 열심히 공부하겠습니다.

유 청소년 여러분과 여러분이 살아갈 이 세상, 그리고 미래에 도움이 되는 이야기가 되기를 바랍니다.

편 잘 부탁드립니다.

벤처캐피털리스트
Venture Capitalist

벤처캐피털이란 무엇인지 알려주세요.

📝 벤처캐피털^{Venture Capital}과 벤처캐피털리스트^{Venture Capitalist}에 대한 이해부터 들어가겠습니다. 먼저 벤처캐피털이란 무엇인지 알려주세요.

유 중소기업은행 아시죠? 중소기업에 자금을 빌려주는 금융 활동을 하는 곳이 중소기업은행이에요. 마찬가지로 벤처기업에 금융을 제공하는 곳이 벤처캐피털이에요.

📝 벤처기업과 중소기업은 어떻게 다른가요?

유 혁신적인 기술을 가지고 시장을 장악하는 기업을 벤처기업이라고 해요. 일반적으로 생각하는 것과 좀 다를 거예요. 대부분 벤처기업을 대박 기업이라고 생각하더라고요. 큰돈을 버는 기업을 벤처기업으로 알고 있어요.

사실 대박이라는 말에는 큰 리스크^{risk}가 포함되어 있어요. 보통 하이 리스크 하이 리턴^{High Risk High Return}을 벤처기업이라고 해요. 벤처기업을 위험 측면과 리턴 측면에서만 보면 도박처럼 느낄 수 있어요. 그렇지만 좀 더 깊이 들어가면 달라요.

중소기업이 지속적인 성장과 안정적인 시장을 추구한다면

벤처기업은 기술의 전환점 즉 새로운 기술과 새로운 플랫폼, 새로운 비즈니스모델을 적용해서 시장을 팽창시키고, 팽창된 시장을 장악해서 수익성을 극대화하는 기업이죠. 그래서 기술과 시장의 변혁기에 혁신적인 벤처기업들이 많이 나타나요.

📖 기술성을 가진 곳이 벤처기업이군요.

유 단순히 기술성이 있다고 해서 모두 벤처는 아니에요. 기술이 있어서 벤처기업이라고 이야기한다면 동네 전파상도 벤처가 될 수 있죠. 우리가 전파상을 벤처기업이라고 이야기하진 않잖아요. 사실 기술이 있는 기업은 많아요.

벤처기업은 혁신성을 바탕으로 시장을 창출하고 시장을 장악할 수 있는 기업이에요. 혁신성은 기술의 혁신성, 새로운 비즈니스의 혁신성 등 다양해요. 사실 기술이 없어도 벤처기업이 될 수 있어요.

📖 그런 기업이 있나요?

유 카카오톡KakaoTalk을 예로 들어볼게요. 카카오톡에 특별한 기술이 있는 건 아니에요. 웹에서 모바일로 옮겨가는 시장의 변혁기에 컴퓨터 메신저를 모바일 메신저로 서비스한 거였거든요. 그러면서 시장을 장악했어요. 한 번 장악하고 나니까 사용자들은 그것을 변경하기가 쉽지 않아요. 카카오톡이 그다음 시장을 또 장악할 수 있는 환경이 된 거죠.

편 벤처기업은 시장의 변혁기에 많이 등장하겠네요. 벤처캐피털도 마찬가지고요.

유 새로운 변혁기를 준비한 벤처기업들이 세상 밖으로 나올 때 자금과 전략을 지원하면서 벤처기업과 함께 성장을 도모하는 금융기관이 벤처캐피털이에요.

벤처캐피털은 하이 리스크 하이 리턴을 추구하는 모험적인 금융자본이면서 차세대 헤게모니Hegemony 즉 지배권을 장악할 수 있는 혁신적인 벤처기업을 발굴하고 육성하고 지원하는 금융기관이에요.

최근에는 벤처캐피털이 스타 벤처 매니지먼트 회사로 탈바꿈하려는 흐름이 있어요. 앞으로는 연예매니지먼트 회사처럼 기획으로 벤처기업이 만들어 질 것 같아요.

예전에는 대학가요제나 강변가요제 참가로 가수가 됐지만 요즘은 오디션을 통해 가수의 자질이 있는 사람을 뽑고 연예기획사에서 팀을 꾸리고 오랜 연습을 통해 스타를 만들어 대중

앞에 세우는 것이 일반적이잖아요. 이 분야도 벤처경진대회가 있지만 오래가진 않을 거라고 생각해요. 왜냐하면 그들의 제품과 아이디어를 단순히 심사하거든요.

단순투자나 발굴하는 게 아니라 혁신적인 벤처기업을 만들어서 전문성 있게 성장시키는 방향으로 가는 거죠. 제 꿈이기도 합니다.

벤처기업과 벤처캐피털의 유래는 어떻게 되나요?

편 벤처기업과 벤처캐피털의 유래는 어떻게 되나요?

유 벤처캐피털의 시초는 스페인의 이사벨라 여왕으로 보고 있어요. 여왕은 크리스토퍼 콜럼버스Christopher Columbus에게 돈과 배, 선원을 투자했어요. 거꾸로 이야기하면 벤처기업의 시초는 콜럼버스죠. 벤처Venture는 항해에서 나온 단어예요. 옛날에 가장 위험한 건 항해였고 탐험에서 나온 막대한 부의 획득 그것이 벤처였어요.

편 콜럼버스가 벤처기업의 시초라는 게 놀라워요.

유 이야기를 들어보면 이해가 될 거예요.

콜럼버스는 이탈리아 직조공의 막내아들로 태어났는데 아주 가난했어요. 동서양 할 것 없이 평민들의 가난함은 똑같았죠. 그는 17세에 배를 타고 여행을 하던 도중 해적의 공격을 받아 탈출하는 과정에서 포르투갈에 정착했고 지도 만드는 일을 했어요. 리스본Lisbon에서 지도제작자로 명성을 날렸죠. 지도제작자라는 직업에는 어떤 의미가 담겨있을까요? 단순한 지형도가 아니라 모든 정보를 담은 복합정보지를 만든다는 걸 의

미하죠.

콜럼버스의 직업은 요즘 말로 표현하면 인터넷 정보제공업이에요. 새로운 배가 들어오면 사람들을 초대해 식사를 대접하고 항해에서 얻은 신세계에 대한 정보를 받아 적어 그것을 지도에 표현했죠. 그리고 정보가 필요한 사람에게 제공했어요.

콜럼버스는 사업을 꿈꾸고 있었어요. 지도를 만드는 사람이니까 지도출판업을 하려고 했을까요? 아니에요. 콜럼버스가 준비한 새로운 사업은 바로 항해였어요. 어디로 가는 항해였을까요? 모든 사람들이 동경해 마지않던 인도였어요. 인도에는 후추와 향신료, 비단이 있었죠. 그 전에도 유럽에서 동쪽 길을 따라 인도로 간 사람들이 있었어요. 실크로드를 따라서 몇 개월을 가거나 연근해로 배를 타고 아프리카 대륙을 돌아서 갔어요. 오랜 시간이 걸리는 일이었어요.

그런데 콜럼버스는 사람들이 인도에 갈 때 사용했던 동쪽 방향의 길이 아니라 서쪽으로 가려고 했어요. 대서양을 가로질러서 가는 거죠. 왜 그런 생각을 했을까요? 무슨 배짱으로 기존의 항해와 반대 방향인 서쪽으로 가려고 했을까요? 콜럼버스의 선택에는 배짱이 아니라 과학적인 배경이 있어요. 지구가 둥글다는 이론이죠.

콜럼버스는 최초로 지구가 둥글다는 걸 비즈니스에 적용해서 서쪽으로 갔어요. 옛날에는 대서양을 영어로 검은 대양 Black Sea, Black Ocean 이라고 불렀어요. 한 번 가면 안 돌아오기 때문에 검은 바다라고 했죠. 그쪽으로 가서 돌아온 사람이 없었어요. 그런데 콜럼버스는 서쪽으로 가면 반드시 인도가 나온다고 생각했어요. 지구가 둥글다는 새로운 과학 이론을 믿었기 때문이죠.

그는 왜 모험을 했을까요? 사업을 하기 위해서였어요. 사실 콜럼버스는 모험가가 아니라 사업가예요. 사업에 실패해서 모험가로만 남은 거죠.

콜럼버스는 마르코 폴로^{Marco Polo}의 『동방견문록』을 밑줄 치면서 읽었어요. 그의 롤 모델이 마르코 폴로였거든요. 미지에 대한 꿈을 꾸면서 동시에 인도에서 비단과 금, 후추를 싸게 사와서 비싸게 팔려고 생각한 거겠죠. 큰 항해선으로 가니까 대량수송이 가능하잖아요. 큰 사업을 통해서 큰 돈을 벌 수 있다고 생각한 거죠.

콜럼버스는 배를 타고 두 달 만에 인도에 도착했지만 원래 계획은 2주였어요. 2주 항해 즉 왕복 한 달의 항해를 위해 6년 동안 사업계획을 세웠어요. 그리고 투자를 받기 위해 7년 동안 투자자를 찾아다녔어요. 총 13년이 걸린 거죠. 엄청나죠? '왜 그렇게까지 공들여서 준비했을까?'라고 반문할 수도 있지만 콜럼버스는 설득력 하나로 항해에 필요한 모든 걸 한 번에 얻었어요. 평민인 콜럼버스는 귀족 작위를 얻고 항해에 필요한 선박과 비용, 인력까지 얻었죠.

굉장히 특별한 경우예요. 보통 신대륙을 발견하고 기여를 하면 그 결과로 보상을 받거든요. 그런데 출발하기도 전에 귀족작위, 제독이라는 칭호를 얻었어요.

도대체 무엇으로 설득했을까요? 콜럼버스는 뱃사람이 아니에요. 뱃멀미를 안 하면 그나마 다행일 걸요? 도대체 무엇을 보고 이사벨라 여왕은 콜럼버스에게 필요한 모든 걸 투자한 걸까요? 그동안 대서양을 넘어 대륙을 탐험하고 돌아온 사람이 한 사람도 없었지만 콜럼버스의 항해가 성공할 것이라는 기대를 준 근거가 뭐였을까요? 콜럼버스는 진정한 벤처기업가예요. 그는 "지구는 둥글다."는 과학적 사실을 자신의 사업에 이용했어요.

대서양을 건널 때 노를 저어서 가는 게 아니라 조류와 바람을 이용했죠. 콜럼버스는 지도를 갖고 있었어요. 항구를 시작으로 일정 거리까지 노를 젓고, 어느 지점에서 돛대를 펴고, 또 조류를 따라갈 계획이었어요.

그런데 막상 탐험단이 항해를 하고 당초에 2주 만에 도착할 거라던 인도대륙이 두 달이 넘도록 안 나오자 배 위에서 폭동이 일어났어요. 사실 이사벨라 여왕이 콜럼버스에게 투자한 선원들은 거의 죄수들이었거든요. 이사벨라 여왕도 콜럼버스가 성공할 거라는 100%의 확신이 없었던 거죠. 모두 죽을 거라고 예상하고 어차피 죽을 사람을 보낸 거죠. 그런 사람들만 모여 있으니 무서운 폭동이 일어난 거예요. 콜럼버스가 가장 위험했지만 그는 신념을 갖고 폭동 주동자들에게 자신의 계획이 맞다는 것을 설득해서 항해를 지속했어요. 결국 두 달이 넘어 신대륙에 도착했죠. 지구를 훨씬 작게 그린 지도 때문에 항해 거리를 잘못 계산했던 겁니다.

콜럼버스는 신대륙이 인도라고 믿었어요. 그래서 그 대륙의 사람들을 아메리칸이 아닌 인디언이라고 불렀죠. 그런데 인디언은 비단옷이나 금귀고리를 하지 않았어요. 후추를 먹지도 않았죠. 건질 게 하나도 없었죠.

콜럼버스는 네 번의 항해를 했는데 조류와 바람을 이용해서 항상 같은 방향으로 갔어요. 콜럼버스의 비즈니스는 완전히 실패했죠. 신대륙에는 금, 비단, 후추 등 아무것도 없었어요. 그런데 노예가 있었죠.

콜럼버스의 최악의 오명은 최초의 노예상이에요. 전쟁의 노예와는 달라요. 콜럼버스는 오직 상업목적으로 노예를 갖다 팔았어요. 이사벨라 여왕이 콜럼버스를 신대륙에 보낸 건 선교의 목적도 있었거든요. 그런데 노예장사만 하니까 얼마나 괘씸했겠어요. 결국 콜럼버스는 원주민 착취로 잡혀 왔어요. 말년이 허망했죠. 그러나 콜럼버스가 항로를 개척한 건 높이 평가받고 있어요.

콜럼버스가 우리에게 의미 있는 건 최초의 벤처기업가답게 지구가 둥글다는 혁신적인 과학기술을 사업에 이용했다는 거예요. 그리고 그 험난한 모험에서 자기의 힘으로 노를 젓는 것이 아니라 조류와 바람에 대한 정보를 구축하고 이를 항해에 이용했다는 것이 중요한 사실이죠. 조류와 바람에 대한 정보는 트렌드와 유행이에요. 시장에 진입하려면 우리 자력만으로는 갈 수 없어요. 사람들의 트렌드와 유행, 기술의 변화를 타고 가야 해요.

콜럼버스가 지구의 동쪽 방향으로 항해했다면 역사에 남지 않았을 거예요. 서쪽으로 가는 극단적인 혁신성으로 자금을 얻었기 때문에 콜럼버스를 최초의 벤처기업가라고 이야기하는 거예요. 스페인의 이사벨라 여왕은 콜럼버스가 이야기하는 과학적인 사실을 믿었던 거죠. 콜럼버스가 비단, 금, 향신료를 발견하지 못해 상업적으로는 실패한 벤처기업가이지만 그는 유럽에서 아메리카 대륙으로 가는 새로운 항로를 개척한 선구자입니다.

그의 길은 수많은 문명과 사람들이 소통하는 통로가 되었습니다. 그래서 그의 도전을 존경합니다.

🔲 콜럼버스와 이사벨라 여왕의 이야기가 많은 의미를 갖고 있네요.

🔲 콜럼버스는 이사벨라 여왕을 7년 동안 설득했어요. 여왕은 그의 전문성과 열정을 독려하고 미래와 가능성을 산거죠. 그래서 돈과 배, 선원을 지원했고 콜럼버스는 그 대가로 항로를 개척했어요.

이사벨라 여왕이 콜럼버스를 알아본 것처럼 좋은 벤처기업가를 찾는 게 벤처캐피털에서는 중요해요. 사기꾼과 기업가를 구분하는 게 중요한 능력이죠.

벤처기업은 시장의 흐름에 민감하게 반응하고, 혁신성을

바탕으로 기술의 트렌드를 활용해서 새로운 시장을 창출해요. 벤처캐피털은 벤처기업가들이 혁신적인 아이디어와 기술을 상용화해서 새로운 시장을 만들고, 그 시장을 장악할 수 있도록 금융적인 지원을 하는 곳이죠.

또 하나는 전문적인 컨설팅 즉 멘토링을 통해서 벤처기업이 성장할 수 있도록 도와주는 역할을 해요. 이것이 은행과 가장 큰 차이점이에요.

은행은 서류만 심사해서 대출을 해주지만, 벤처캐피털은 좋은 사람을 발굴해서 제대로 성장할 수 있게 지원해주는 중요한 파트너죠.

벤처캐피털리스트는 어떤 일을 하나요?

편 벤처캐피털리스트는 어떤 일을 하나요?

유 첫 번째로 벤처캐피털에서 근무하면서 무수한 벤처기업을 발굴하고, 투자하고 다방면에서 지원하는 역할을 해요.

두 번째로 펀드를 만들죠. 벤처캐피털리스트는 펀드를 운용하면서 기업을 발굴하고, 투자하고, 투자한 자금을 회수하는 역할까지 해요.

결국 벤처캐피털리스트는 기업의 미래를 사는 직업이죠. 기업의 확정되지 않은 미래, 잠재가치를 사는 금융가입니다.

쉬운 비유가 있어요. 밭떼기 배추장사 이야기를 해줄게요. 농사꾼은 봄에 씨앗을 뿌려서 배추농사를 짓는데 5월이 되니까 농약 살 돈이 떨어졌어요. 1만 평 배추농사를 짓는데 5월에 돈이 떨어지면 농사가 불가능하잖아요. 고민하다가 서울에서 온 밭떼기 배추장사에게 2천 평을 팔았어요. 농사꾼은 장사꾼에게 2천 평을 어떻게 팔까요? 땅을 파는 건 아니에요. 1만 평은 그대로 농사꾼의 땅이죠. 2천 평에 해당하는 배추의 수익권을 장사꾼한테 파는 거예요.

장사꾼은 2천 평의 배추 싹을 뽑아가거나 서울에서 내려와 농사를 짓는 건 아니에요. 다만, 농사꾼이 1만평의 배추를 가을에 농산물시장에 내놓을 때 그 수익금의 5분의 1이 장사꾼의 몫이 되는 거죠. 장사꾼이 농사꾼에게 산 2천 평의 배추 값은 씨앗 값이 아니에요. 그것보다 훨씬 비싸요. 가을에 배추 한 포기가 만 원이면 장사꾼은 한 포기당 수익권을 5천 원에 사고, 배추 값이 5천 원이면 장사꾼은 2천5백 원에 사죠. 씨앗을 사는 게 아니라 미래의 수익을 사는 게 밭떼기 배추장사예요. 농사꾼은 벤처기업가, 밭떼기 배추장사는 벤처캐피털이죠.

밭떼기 배추장사 비유처럼 아직 확정되지 않은 미래가치를 미리 사고, 그 가치가 미래시장에서 실현될 수 있도록 도와주는 미래지향적인 직업이죠.

벤처캐피털리스트는 확률이나 단순한 통계가 아니라 혁신적인 전문성을 가지고 미래가치를 판단합니다. 어떤 사람들은 벤처기업이 성공할 확률은 0.006%라고 해요. 만 개 중에 여섯 개가 성공한다고 하지만 확률은 중요하지 않아요. 내가 발굴하고 투자한 벤처기업을 성공시키기 위해 전문적으로 활동하는 직업이죠.

편 한 사람이 펀드모집부터 회수까지 다 하는 건가요?

유 물론 나누어져 있는 경우도 있지만 한 사람이 전체를 관할해요. 직접 만든 펀드를 책임지면 그가 펀드의 대표 펀드매니저예요. 그래서 실적이 중요하죠. 벤처캐피털리스트도 투자를 받아야 하니까요. 자신의 성과와 전문성을 잘 표현하고 구축하고자 하는 투자의 성격을 명확히 해야 해요.

벤처기업의 과거, 현재, 미래를 설명해서 펀드를 구축하고, 운용하고, 투자금을 회수해서 이익금을 분배하는 과정까지 모두 다 벤처캐피털리스트의 업무 영역이에요.

비슷한 직업이 있나요?

편 비슷한 직업이 있나요?

유 주식이나 선물옵션에 투자하는 사람과 비슷해요. 미래를 예측하고 상품에 투자해서 결실을 본다는 게 비슷할 수 있지만 차이가 있어요.

벤처캐피털리스트는 벤처기업에 직접 개입하기 때문에 모험적인 도박과 달라요. 우리의 선택이 올바른 결정이 될 수 있도록 옆에서 계속 도와주죠. 어떤 문제가 발생했을 때 같이 대응하기 때문에 증권사 펀드매니저나 선물옵션 투자자와는 달라요.

투자자라는 측면에서는 선물·증권·옵션 투자자와 비슷하지만 선택에 대해서 직접 책임지고 결실이 나올 수 있도록 벤처기업과 같이 뛰고 있다는 점에서 다르죠.

투자중개업 브로커라는 오해도 있는 것 같아요.

편 정부예산을 사용하는 투자중개업 브로커라는 오해도 있는 것 같아요.

유 정부예산이 백 퍼센트는 아니에요. 벤처캐피털 업계가 자기 목소리를 내려면 민간자본이 많이 들어와야 해요.

자금을 베팅하는 게 아니라 좋은 기업들을 선별해서 투자하고 관리하는 거니까 브로커하고는 엄연히 달라요. 브로커는 단순 중개만 하고 빠지잖아요.

부동산중개업소가 AS 하는 거 봤어요? 벤처캐피털리스트는 선택에 대한 책임을 같이 져요. 투자의 성과를 내기 위해 함께 노력한다는 측면에서 벤처캐피털리스트와 도박, 브로커는 차이가 크죠.

우리 사회에 꼭 필요한 직업일까요?

🔳 벤처캐피털리스트가 우리 사회에 꼭 필요한 직업일까요? 사회적인 필요성을 이야기해 주세요.

🔳 은행과 같은 제1금융권은 담보투자만 하잖아요. 새로운 시장에 대한 새로운 시도를 누군가는 지지해 줘야 하는데 일반금융이나 일반사람들이 이해하기 힘든 전문영역이 존재해요.

벤처캐피털이 벤처기업의 기술을 이해하고, 그들이 그리는 새로운 시장과 상품, 서비스를 쫓아가며 가상의 세계를 예측하고 투자를 지원한다는 면에서 기술금융이라고 불리는 거죠. 벤처캐피털은 우리 사회가 전환기에 접어들어 새로운 시장을 창출하고 새로운 소비자의 요구와 새로운 산업을 이끌어야 할 때 산업의 아방가르드^{Avant-Garde} 즉 산업 혁신기에 최전방 전위대 역할을 하는 금융기관이라는 중요한 의미가 있어요.

사회적인 필요성에 대해서 질문하셨죠? 우리에게는 모험적인 시도가 필요해요. 그래야 사회가 변화할 수 있죠. 그 모험에 벤처기업가와 벤처캐피털리스트가 동행하는 거예요.

만약 콜럼버스에게 이사벨라 여왕이 없었다면 신대륙 발견은 훨씬 오래 걸렸을 거예요. 이사벨라 여왕이 있었기 때문에 새로운 대륙과 문명을 발견할 수 있었죠. 이렇듯 모범적인 금융자본과 혁신적인 벤처기업가들이 같이 가야 우리 사회도 성장할 수 있어요. 벤처캐피털의 사회적인 의미는 새로운 시장개척을 주도하는 금융기관이라는 점에 있어요.

이 직업의 매력을 알려주세요.

편 이 직업의 매력을 알려주세요.

유 첫 번째는 세상을 설계하고 그림을 그릴 수 있는 최고의 직업이라는 점이죠. 어떤 게임이 좋다고 생각하면 그 게임을 개발한 사람을 찾아서 투자하면 되요. 이런 제품이 좋다고 생각하면 그런 제품을 이야기하는 사람을 찾아서 투자하고, 후원하면 돼요. 굉장히 재미있고, 자유로운 직업이죠.

돈은 혈액에 비유할 수 있어요. 새로운 생장점에 집중적으로 혈액. 즉 자금을 공급해서 그것을 성장시키는 혈액순환 기구가 벤처캐피털이에요. 그렇기 때문에 원하는 세상을 만들어 갈 수 있죠. 함께 할 수 있는 사람을 발굴해서 세상을 그리고 미래를 꿈꿀 수 있는 의미 있는 직업이에요. 벤처캐피털리스트처럼 진보적인 직업이 드물어요.

두 번째 매력은 미래지향적인 금융기관에서 일하기 때문에 자유로운 사고를 할 수 있다는 거예요. 일주일에 4~5일은 밖에서 활동하고 사람을 만나면서 미래를 꿈꾸죠. 어떤 제품이나 서비스가 시장에 나오면 제일 먼저 시연해 볼 수 있는 직업이기도 해요. 시장에 나오기 전에 새로운 제품과 기술, 서비스를 미리 접할 수 있죠. 그래서 굉장히 재미있고 자유로워요.

그 대신 무조건 열심히 한다고 해서 결과가 나오는 일은 아니에요. 고도의 감각이 필요한 직업이죠.

편 벤처캐피털리스트가 아이템을 먼저 제시하는 경우도 있나요?

유 가장 쉽게 제안하는 건 연관성 있는 두 개의 벤처기업을 합병하는 거예요. "당신의 기술은 한계가 있는데 다른 곳의 기술과 합병하면 경쟁력을 갖출 수 있다."고 제안하죠. 좋은 기업가가 있으면 아이디어, 자본, 네트워크를 모두 제공하기도 합니다.

벤처캐피털리스트에게
가장 중요한 것은 무엇일까요?

■ 벤처캐피털리스트에게 가장 중요한 것은 무엇일까요?

■ 가장 중요한 것은 미래에 대한 의지예요. 돈 놓고 돈 먹기나 도박이 아니라 밝은 미래를 만들기 위한 긍정적인 의지가 필요해요.

미래에 대한 선한 의지를 갖고 미래기술과 시장, 트렌드를 파악할 수 있는 인맥과 트렌드에 대한 이해, 시장을 설계할 수 있는 기획능력도 중요해요.

■ 미래에 대한 선한 의지가 구체적으로 무엇인가요?

■ 돈을 잘 버는 게 전부라고 생각하는 것이 아니라 우리가 사는 세상에서 결국 선이 이긴다는 확신 같은 거예요. 자본주의가 발달했다고 해서 선한 사회인가요? 그렇지 않아요. 금융의 방향에 의해서 자본주의의 미래가 결정되는데 보통 자본주의의 미래는 암담해요. 최전방에서 움직이는 금융자본의 운영자와 자본가들이 미래에 대해 선한 의지를 갖는 게 중요하다고 생각해요.

자본을 통해서 모든 사람이 행복해져야 한다는 신념이 중요해요. 소수의 행복만을 위한 유토피아가 아니라 금융자본을 통해 인간이 인간답게 사는 선한 세상으로 갈 수 있다는 신념을 가져야 합니다.

예전에는 기업의 사회적 책임CSR: Corporate Social Responsibility에 대한 개념이 있었는데 요즘은 공유가치창출CSV: Creating Shared Value 라는 개념으로 전환되고 있어요.

편 기업의 사회적 책임에 대해 예를 들어 쉽게 설명해 주세요.

유 기업의 사회적 책임, CSR은 기업은 사회적 책임이 있기 때문에 사회에 봉사해야 한다는 개념이에요. 직원들이 1년에 1~2번 지역봉사를 간다거나 당기순이익의 일부를 사회단체에 기부하는 회사들이 있습니다.

그러나 이것은 주주의 목적과는 반대되는 행위입니다. 주주가 가져가야 하는 수익의 일부를 기부하기 때문이죠. 이 방법보다는 기업의 다양한 사회적 활동을 통해 이미지 호감도를 높여서 수익을 내는 게 더 좋다고 생각합니다.

그리고 기업의 사회적 책임, CSR의 또 다른 형태가 사회적기업이라는 관점에서 설명할 수 있어요. 사회적 기업은 사회적 배려가 필요한 사람들을 위한 회사를 말해요. 예를 들면 장애인 고용을 하여 비누를 생산해서 이를 판매하는 회사 등이지요. 그러나 이러한 회사는 혁신성을 통한 성과를 내기가 쉽지 않은 것이 현실입니다.

그런데 이러한 흐름에서 기업의 활동 자체로 수익도 가져오면서 사회적인 선을 창출하는 기업, 즉 기업의 이윤과 사회적 이윤이 중첩되는 분야를 쉐어드 밸류Shared Value라고 하는데 이것의 비중이 높은 회사를 양성하는 것이 중요하지요.

경마라는 일종의 도박 시스템을 만들어서 돈을 많이 번 다음 그 중에 수익의 일부를 어려운 사람에게 기부하는 전형적인 기업이 한국마사회예요. 로또복권도 마찬가지죠. 이게 기업의 사회적 책임, CSR의 하나의 예에요. 말이 경기를 열심히 뛴다고 해서 사회가 이롭게 되는 건 아니잖아요. 누군가는 패가망신하는데 그 수익금 중에 일부를 좋은 일에 쓴다고 해서 큰 의미는 없다고 생각해요. 누군가 가슴 아프게 잃은 돈을 가지고 선한 일을 할 수는 없어요.

물론 삼성과 LG, SK 등 세계적인 대기업은 사회적 참여도 많이 합니다. 많은 봉사와 기부를 하지만 그것이 기업의 본질과 일치하지 않는 부분이 있어요.

공유가치 창출, CSV는 어떤 기업이 특별한 기부는 하지 않더라도 그 일을 함으로써 사회적 소외계층이 없어지는 사업을 의미해요. CSV를 강조하는 회사들을 좀 더 발굴해서 키워보고 싶어요.

제가 아이디어 단계부터 투자한 초음파무선진단기회사인 '힐세리온'이라는 곳이 있어요. 전 세계 의사의 90%가 청진기 하나밖에 없는 열악한 환경에서 진료한다는 거예요. 그래서 제2의 청진기처럼 초음파 진단기를 주머니에 넣고 다니면서 진료할 수 있게 만들고 싶다고 했죠. 영상장비와 연결해서 스마트폰이나 스마트패드로 보면서 진료하고 전송하는 개념이에요.

이런 경우가 기업이 기술의 혁신을 통해서 세상을 이롭게 하는 대표적인 예죠.

편 이런 기업을 찾는 게 쉽지 않을 것 같아요. 이것도 하나의 능력이겠어요.

유 이런 회사를 발굴하고 투자하는 벤처캐피털리스트가 되어야 해요. 1불짜리 말라리아 진단키트가 있어요. 이런 기업을 발굴하고 성장시키면 세상을 더 밝게 비추면서 돈도 벌 수 있다는 거죠. 벤처캐피털리스트는 이런 가치를 꿈꿔야 해요. 이

게 바로 미래에 대한 선한 의지죠. 돈 버는 걸 목적으로 해서
는 안 돼요.

그리고 벤처캐피털리스트에게 중요한 또 한 가지! 자금을
만지기 때문에 투명성이 필요해요. 정직함이 정말 중요하죠.
이 일을 얼마나 오래 할 수 있느냐의 기준은 투명성이에요. 직
업윤리의 정직함이죠.

편 돈의 유혹에 빠질 수 있겠네요.

유 투자금은 내 돈이 아니잖아요. 내 돈이면 정직함이 중요
하지 않을 수도 있어요. 그렇지만 펀드를 통해서 운영하기 때
문에 정직한 정신, 관리자의 선량한 마인드가 중요해요.

이 일을 잘 표현한
소설이나 영화, 드라마가 있나요?

편 이 직업에 대해 잘 표현한 소설이나 영화, 드라마가 있나요?

유 대성창업투자사에 있을 때 작가가 창투사를 배경으로 드라마를 써보고 싶다고 방문한 적이 있어요. 이 일은 변화무쌍한 직업이지만 드라마를 찍을 만한 소재는 아닌 것 같아요. 생각보다 순수한 일이에요. 속임수가 통하는 일이 아니거든요. 드라마는 권모술수가 들어가야 기승전결이 만들어지고 재미있는데 이 일은 그렇지 않아요. 성공시키기 위해서 고민하고, 선택하고, 열심히 노력하기 때문에 너무 순수한 거예요. 기업을 망하게 하고 가능성이 없는 기업을 극적으로 성공시키는 내용으로 꾸밀 수가 없어요. 그래서 이 일을 소재로 한 소설이나 드라마는 현재까지 없어요.

편 벤처캐피털의 투자를 받아 성공한 벤처기업들이 있잖아요.

유 그건 왜곡이에요. 벤처캐피털리스트는 벤처기업가의 파트너일 뿐 벤처기업을 앞서갈 수는 없어요. 벤처기업의 기승전

결은 있지만 그들을 앞질러서 벤처캐피털리스트의 기승전결을
스토리텔링 하는 건 힘들어요.

벤처캐피털의 투자 성공사례를 들려 주세요.

편 벤처캐피털의 투자 성공사례를 들려주세요.

유 대표적으로 카카오톡이 있어요. 예전에는 이동통신사들이 문자서비스를 통해 수익을 얻었어요. 문자 한 통당 얼마씩 받았죠. 그런데 카카오톡은 고객들이 별도의 문자메시지 서비스를 이용하지 않아도 마음껏 문자메시지를 주고받을 수 있는 서비스를 제공했죠.

결국 이동통신사들과 카카오톡의 소송전으로 번졌어요. 이동통신사 입장에서는 자기네 통신망을 통해서 공짜로 서비스를 제공할 수 없다고 했죠. 결국 카카오톡이 이겼어요. 굉장한 이슈가 되었죠.

카카오톡은 세계가 웹 기반에서 모바일 기반으로 간다는 큰 흐름 속에서 성공할 수밖에 없었어요. 그 서비스를 전문적으로 제공하는 플랫폼 사업자가 시장을 장악하고 법적으로 아무 문제가 없다고 판결나는 순간, 카카오톡은 이미 거대사업자로 커져 있었죠. 만약 법원이 이동통신사 손을 들어줬다면 이 서비스는 완전히 실패했을 거예요. 그런 위험 속에서도 카카오톡에 투자한 투자자들이 있었고, 그 투자자들의 협력을 통해 정상에 올라갈 수 있었던 곳이 카카오톡이에요.

우리가 잘 아는 골프존도 그런 케이스에요. 벤처캐피털 업계에서 아주 유명한 이야기가 있어요. '기술력 1위, 마케팅 능력 2위인 기업에 투자하느니 기술력 2위, 마케팅 능력 1위인 기업에 투자해라.' 이게 업계의 정설이에요. 그 예가 골프존이죠

골프존은 타격 시뮬레이션 엔진이에요. 사실 시뮬레이션 엔진만으로는 경쟁제품인 알바트로스가 더 좋다는 평가가 많았어요. 예전에는 알바트로스가 시장에서 성공했고 골프존은 무너지려고 했죠. 그러나 골프존은 벤처캐피털로부터 거액의 투자를 받아 큰 성장을 이루었죠.

알바트로스는 기술 시뮬레이션에 대한 자부심이 강했어요. 그래서 시장을 제대로 못 봤어요. 골프존은 재미요소가 강했어요. 기업은 고객을 바라봐야해요. 기술만 바라봐서는 안 되죠. 상품이나 서비스의 밑바탕에 있는 기술은 중요하지 않아요. 서비스가 시장에 맞는지 상품이 고객에게 맞는지가 중요하죠. 기술이 우수하면 무조건 성공한다는 순진한 생각을 해서는 안 돼요. 고도의 시장 마케팅이 더 중요하죠.

레저산업이 뜨고 골프가 유행하는 시점에서 골프장의 진입장벽은 높은데 골프의 인구는 늘어나고, 사람들이 쉽게 시

뮬레이션해서 사용하고자 하는 시장의 요구가 있었죠. 그것을 기술 중심의 서비스로 제공했는데 벤처캐피털의 자본력과 2등 기술, 1등 마케팅의 벤처기업이 결합해서 시장을 장악한 거죠. 골프존은 대전이 낳은 최고의 벤처기업이면서 이제는 세계 최고의 골프 시뮬레이션 업체가 되었습니다.

벤처기업과 벤처캐피털이 잘 맞아서 성공한 회사가 이 두 회사에요.

편 벤처캐피털의 역할이 컸다고 생각하세요?

유 자본력이 있으니까요. 망하기 직전의 회사가 뜨기 시작한 거죠. 그만큼 자본의 역할이 중요한 것 같아요. 사실 1등 기술이 아닌 2등 기술에 투자한 거잖아요. 이성적으로 생각하면 1등 기술에 투자하는 게 맞잖아요. 그런데 감각이 더 중요했던 거죠. 2등 기술이라 하더라도 마케팅 감각이 있는 골프존 대표와 손을 잡은 거예요. 그런 벤처캐피털이 있어서 뜰 수 있었죠.

편 골프존은 거의 망해가는 시점에 투자를 해서 성공했다고 하셨는데 카카오톡은 어느 시점에 투자가 이루어진 건가요?

유 골프존은 기술적인 부분에서 암울했지만 카카오톡은 정책적인 부분에서 암울했어요. 사실 카카오톡은 벤처캐피털에서 투자를 받아서 상황을 돌파한 거예요. 작은 벤처기업이었다면 대기업에서 그냥 압박해도 문제가 되지 않았겠죠. 그런데 기관투자자들이 뭉쳐서 카카오톡을 지원하니까 함부로 못했던 거죠.

화장품 회사인 미샤도 벤처캐피털이 투자했어요. 보통 벤처캐피털은 기술을 보기 때문에 유통에 투자를 안 하는데 기술이 아닌 유통에 투자해서 성공한 사례예요.

미샤 대표는 화장품 유통에서 광고비 비중은 너무 높고 그 돈을 결국 소비자가 지불하는 불합리성에 대해 고민했죠.

'마케팅 비용을 줄이고 질 높은 제품을 고객에게 싸게 팔면 안 될까?' 고급 화장품, 양질의 화장품을 소비자에게 직접 연결하는 유통채널을 만들자고 해서 미샤를 만든 거예요. 벤처캐피털이 투자했고 결국 미샤는 크게 성공했어요.

원래 화장품 마케팅은 방문판매조직을 이용했어요. 그런데 모든 유통채널을 없애고 입소문만으로 저렴한 화장품을 판매한 미샤의 새로운 마케팅 방법에 벤처캐피털이 투자한 거죠.

이렇게 기술도 중요하고 마케팅, 새로운 플랫폼이 중요한 시대예요.

새로운 플랫폼에 대해 설명해주세요.

편. 벤처기업에 대해 말씀하시면서 플랫폼이라는 이야기를 많이 하셨어요. 새로운 플랫폼에 대해 쉽게 설명해주세요.

유. 새로운 플랫폼을 이해하려면 비즈니스모델에 대해 짚고 넘어가야 해요. 이 책을 읽는 청소년 여러분에게 중요한 내용입니다.

1세대 비즈니스모델은 자급자족. 즉 내가 만들고 내가 쓰는 거였어요.

2세대는 내가 만들어서 누구에게 파는 비즈니스죠. 산업사회가 여기에 해당해요.

3세대는 인터넷 혁명. 웹사이트를 개설하면 많은 사람이 봐요. 내가 만들면 다른 사람이 소비하고, 광고도 올라오죠. 이렇게 한 싸이클을 돌려요. 소비자와 구매자, 사용자가 구분된 시장이 3세대 비즈니스예요.

4세대 비즈니스는 뫼비우스의 띠 같아요. 대량의 생산자와 소비자가 연결된 플랫폼이에요. 플랫폼은 정거장이잖아요. 정거장은 많은 기차들이 오가고 다양한 곳으로 사람들을 연결해주는 곳이죠. 무수히 많은 생산자와 소비자가 연결되는 플랫폼. 어느 순간 생산자가 소비자가 되고 소비자가 생산자가 되는 뫼비우스의 띠 같은 4차원 플랫폼. 이제 4세대 플랫폼 시대가 와요.

4세대 플랫폼의 사업자는 기차를 만들지 않아요. 정거장을 만들죠. 공항 비즈니스와 비슷해요. 우리는 공항을 만들고 비행기는 안 만들죠. 항공사도 아니에요. 무수히 많은 항공사가 들어올 수 있게 제반시설을 만들죠. 플랫폼 비즈니스는 공항처럼 네트워크가 갖춰져야 해요. 사실 인터넷은 일방적인 매체 중 하나예요. 그런데 모바일 플랫폼은 소비자의 역량이 더 직관적이고 강하죠. 그들을 향한 커뮤니티 서비스 즉 카카오톡 같은 게 바로 플랫폼 서비스예요. 무수히 많은 사람들이 콘텐츠를 생산하는 플랫폼 서비스가 4차원 비즈니스죠.

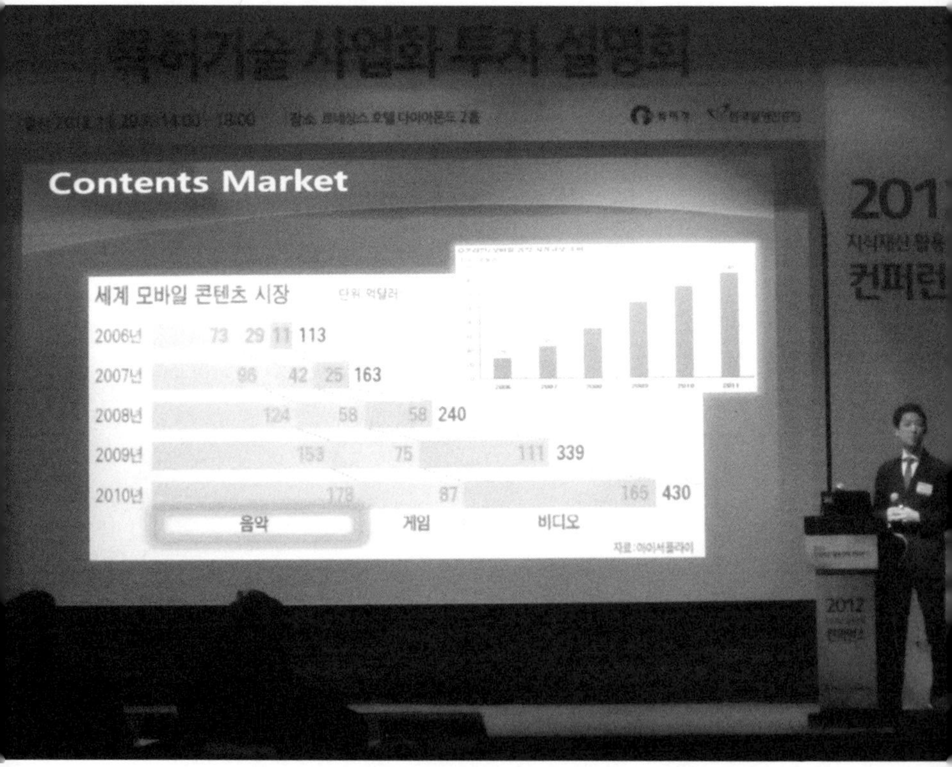
Contents Market
세계 모바일 콘텐츠 시장
2006년 73 29 11 113
2007년 96 42 25 163
2008년 124 58 58 240
2009년 153 75 111 339
2010년 178 87 165 430
음악
게임
비디오
자료: 아이서플라이

벤처캐피털리스트가 되려면~
Mento & Mentee

벤처캐피털리스트가 되는 과정을 알려주세요.

편 벤처캐피털리스트가 되는 과정을 알려주세요.

유 벤처캐피털리스트가 되는 과정은 여러 가지예요.

그러나 대졸 신입 사원으로 들어오는 경우는 거의 없고 관련 산업에서 경력을 쌓은 사람들이 주로 들어옵니다. 벤처캐피털리스트는 비행기 조종사와 같아서 훈련시키려면 많은 예산이 필요합니다. 그래서 신입 사원을 잘 안 뽑고 해당 분야에서 경력을 쌓은 사람을 뽑으려고 하죠.

우선 상경계에서 오는 친구들이 있어요. 경영, 경제를 전공한 친구들이죠. 증권사 애널리스트를 하다가 들어오는 경우가 제일 많아요. 산업의 흐름과 금융을 이해하기 때문이에요 그리고 기업을 분석할 수 있는 능력도 있구요.

이공계의 경우 대기업연구소에 근무했던 친구들이 많이 들어와요. 생산라인이나 연구라인에 있던 사람들이죠. 그리고 특정전문기업에 있던 친구들을 선호해요. 게임 투자심사가 필요하면 해당 업계를 잘 아는 전문가를 뽑는 거죠. 투자 분야의 대표적인 전문기업에 소속되어 있었던 사람들을 선호해요.

이렇게 들어오는 게 전형적인 과정인데 벤처캐피털리스트

양성교육을 통해서 들어오는 경우도 있어요.

그러나 벤처캐피털리스트가 되는 게 사실 쉽지는 않아요. 1년에 많이 뽑아야 50명이 채 안 되거든요. 업계 전체 종사자가 500명 정도예요.

編 수요가 많은 전문기업은 어디인가요?

劉 미래에 시장이 넓어지는 기업이죠. 그리고 다양한 응용성이 있어야 하고요. 게임, 바이오-제약회사, 로봇기술, 화학 분야 등이요. 한 분야에 깊게 들어갈수록 시장이 좁아지는 거니까 제약회사에서 연구총괄을 했거나 여러 가지를 섭렵했던 경험이 중요해요.

어떤 사람이 적합할까요?

편 어떤 사람이 적합할까요?

유 새로운 것에 호기심이 많은 사람이어야 해요. 분석적이고 미래에 대한 관심과 감각이 있는 사람. 사람을 좋아하고 애정을 갖는 사람. 이렇게 네 가지를 갖춘 사람이죠.

편 질문을 바꾸겠습니다. 어떤 청소년들이 이 직업에 적합할까요?

유 기술에 대한 이해와 활용 능력이 있어야 해요. 드론, 게임 같은 거 좋아하는 친구들 있죠? 하나에만 몰입하는 게 아니라 이것저것 해보면서. 특히 새로운 게 나오면 바로 시도하는 친구들이 이 직업에 맞아요.

　벤처캐피털리스트는 고객과 시장에 대한 통찰을 가져야 해요. 즉 인간에게 끊임없이 관심을 갖는 게 중요하죠. 사람이 고객이자 시장이거든요. 그렇게 하려면 인문학 공부를 많이 해야 해요. 사람은 다 똑같거든요. 자기를 멋지게 포장하고 싶고 한편으로는 이기적이고 또 선하기도 하죠.

　철학, 심리학, 역사 분야에 관심을 갖고 책을 많이 읽는

게 좋아요. 미래 예측, SF소설 같은 것을 좋아하는 학생들이
이 직업에 딱 맞아요.

인문학 관련 독서를 많이 해야 하나요?

편 청소년 시절에 인문학 관련 독서를 많이 해야 하나요? 인문학적인 소양에 대해 구체적으로 말씀해 주세요.

유 인터넷이 왜 만들어졌을까? 무엇을 바꿔놨을까? 모바일은 단순히 전화기 통신이었는데 어떻게 소통의 수단이 되어 사람들을 조직화하고 생활의 변화를 만들어 낼 수 있었지? 이런 질문들을 스스로에게 던지는 감각이 있어야 해요.

청소년들은 산업사회 이후의 인류역사에 대해 촘촘히 이해하기를 바라요. 어른들은 아이들에게 수학, 영어를 열심히 공부하라고 강조하지만 돈에 대한 감각, 근대사회, 현대사회에 대한 이해도 중요하다고 생각해요. 현대사회에서 제일 중요한 건 기술에 대한 이해와 활용이에요. 기술과 시장을 연결하는 마인드 그리고 자본의 흐름에 대해 아는 것이 중요하죠.

편 자본의 흐름까지 꿰고 있어야 하나요?

유 자본의 흐름이 왜 중요할까요? 예전에는 물물교환을 했잖아요. 그런데 쌀은 너무 크니까 금으로 만든 화폐를 사용하다가 거기에 로마황제의 얼굴을 새기면서 금화의 단위 무게가 가벼워

졌어요. 그다음에는 종이에 얼굴을 새긴 게 금을 대신했어요.

그런데 앞으로는 돈이 전자화폐로 바뀔 거예요. 전자화폐로 바뀌면 세상은 어떻게 될까요? 네트워크를 장악한 사람이나 집단이 힘을 갖겠죠. 이건 국가 단위의 문제가 아니에요. 왜냐하면 화폐를 국가에서 관할할 때는 세금을 국가에서 거뒀는데 전 세계가 전자화폐로 통일되면 문제가 달라져요. 그래서 자본의 흐름에 대한 이해가 필요해요.

화폐와 관련된 책들이 있어요. 제가 하는 이야기는 전부 책에 나온 거예요. 물론 순수문학 서적을 읽는 것도 중요해요. 또 자본주의에 대한 응용 서적을 읽는 것도 추천합니다. 목록을 정해서 읽는 것도 좋아요. 어쨌든 청소년 시절부터 고객과 시장, 기술의 트렌드 변화, 자본시장에 대해 관심을 가지세요.

페이스북Facebook을 만든 사람들, 에어비앤비Airbnb가 어떻게 돈을 벌었는지 고민해보세요. 우리나라는 쏘카Socar가 있죠.

에어비앤비는 호텔도 안 가진 세계 최대의 호텔사업가예요. 네트워크 하나만 있을 뿐이죠. 이런 현상들에 대해 여러분이 관심을 갖고 조망할 수 있어야 해요. 옛날에는 절대 있을 수 없는 이야기에요.

편 더 구체적으로 조언해 주세요.

유 롤모델을 정하는 게 중요해요. 역사를 바꾸고 인류사회에 선한 영향을 끼쳤던 부자들의 이름을 리스트로 만들고 그중에서 5명을 뽑아서 롤모델로 정하세요. 요즘 청소년들은 존경하는 사람이 없어요.

석유왕 존 데이비슨 록펠러^{John Davison Rockefeller}는 단순히 돈이 많아서 존경받는 게 아니라 자신의 부를 갖고 사회에서 중요한 역할을 했기 때문에 이름을 남긴 거죠.

자신의 롤모델을 보고 그가 어떤 것으로 어떻게 부유하게 됐는지 생각해보세요. 페이스북의 마크 저커버그^{Mark Elliot Zuckerberg}, 마이크로소프트의 빌 게이츠^{Bill Gates}는 기부를 많이 하잖아요. 그 사람들의 삶이 어떤 의미가 있는지 생각해봐야 합니다.

아이언맨의 실제 모델인 테슬라의 일론 머스크^{Elon Musk}도 아주 혁신적으로 과감한 개척을 해나가요. 자신의 롤모델을 존경하고 그 사람들을 내 삶에 끌고 들어와 나는 어떠한 사람이 될 것인지 비전을 세우는 게 중요하죠.

특히 공부를 잘하고 싶다는 희망, 부자가 되고 싶다는 강한 열망을 갖기 바래요. 공부를 잘하고 싶다는 희망을 갖지 않으면 잘할 수 없어요. 중학교 2학년이 지나면 부모의 손을 떠나잖아요. 학습내용이 어려워져서 부모가 가르칠 수가 없어요. 그래서 스스로 헤쳐 나가야 하는데 내가 공부를 잘하고 싶지 않고서 어떻게 잘하겠어요. 내가 돈을 벌고 싶지 않으면 많이 벌 수 없는 거잖아요.

편 부자는 단순히 재산을 많이 가진 사람일까요? 어떤 사람이 부자라고 생각하세요?

유 저는 부에 대한 설정을 다시 해야 한다고 생각해요. 부유하다는 게 뭘까요? 내가 땅을 갖고 있으면 무조건 부자일까요? 아니에요.

예를 들어 누군가 알토란같은 땅을 100만 평 갖고 있는데 비싼 건 먹지도 않고 검소하게 살아요. 그런데 땅문서만 봐도 흐뭇해요. 평생 그렇게 살다가 죽어요. 그는 부자일까요?

부는 누리면서 사는 건데 과연 누린다는 게 뭘까요? 예를 들어 시골에 큰 느티나무가 있어요. 느티나무 밑에서 사람들이 쉬어 가고 일하는 사람들이 새참을 먹고 아이들이 등하교 시간에 쉬었다 가는 거죠. 그럼 그 느티나무의 주인은 누구일까요? 서울에 있는 땅 주인일까요? 아니에요. 그것을 누린 마을 사람들이 주인이에요.

제가 우리 조카들에게 만 원씩 주면 만 원만큼의 부자, 10만 원씩 주면 10만 원 만큼의 부자, 100만 원씩 주면 100만 원 만큼의 부자예요. 돈을 의미 있게 쓰는 사람이 부자라는 거죠.

벤처캐피털리스트는 자기 돈은 아니지만 큰 부자로 살 수 있어요. 내가 가치 있다고 생각한 기업에 투자하고 그 기업이 성공했을 때 자금을 회수해서 다른 곳에 투자하죠. 그게 부자라고 생각해요. 돈을 직접적으로 많이 쓸 수 있는 직업이고 또 좋은 결과를 얻을 수 있잖아요. 부자로 살 수 있는 직업이 바로 벤처캐피털리스트예요. 내가 땅 부자인 건 아무 의미가 없어요. 땅을 계속 사고 팔수는 없잖아요.

부를 의미 있게 사용하면 선한 부자, 악하게 사용하면 악한 부자예요. 그래서 부에 대한 올바른 개념과 선한 욕심을 갖는 게 중요해요. 자본은 결국 인프라예요. 인프라를 활용해서 내가 무엇을 할 건지가 포인트예요. 좋은 땅이 있는데 그냥 두는 사람이 있고 다른 가치를 부여해서 큰 오피스텔을 짓거나 콘도를 지어서 사람들과 이익을 나누려고 하는 사람도 있지요.

유명한 부자들 중에 다이너마이트를 개발한 노벨^{Alfred} ^{Bernhard Novel}을 생각해 보죠. 그 사람들이 비록 인류에 큰 피해를

줬지만 산업사회를 발전시켰고 노벨상을 만들어서 사회에 기
여하려고 노력했어요.

호기심을 갖기 위해서 무엇을 할까요?

편 '호기심을 갖기 위해서 여행을 많이 해라' 이런 식으로 쉬운 조언을 해주셨으면 좋겠어요.

유 제 아이가 중학교 1학년이에요. 저는 아들을 벤처캐피털 리스트로 키우고 싶어요. 좋은 직업을 물려주고 싶은 거죠. 그래서 외국 출장 갈 때 아이를 최대한 데리고 다녀요. 왜냐하면 눈앞에 있는 그곳이 시장이거든요. 국내시장은 너무 작아요. 우리의 기술력과 새로운 서비스, 새로운 벤처기술로 시장을 넘나들어야 하는데 그러려면 시장을 제대로 알아야 해요. 그래서 중국, 홍콩, 아프리카에 갈 때 아이를 데리고 가죠.

다른 세상을 보는 게 중요해요. 다른 문화, 그들의 소비 패턴, 그들의 생활을 보여주려고 노력해요. 넓은 안목이 필요한데 견문이 좁으면 어떻게 세계로 나가겠어요.

호기심은 가만히 앉아 있으면 생기지 않아요. 많이 봐야 해요. 다른 걸 많이 봐야지 궁금증이 생기거든요. 그게 호기심이에요. 틀에 박힌 생활을 하는 것보다는 일탈을 하는 게 좋다고 생각해요. 저는 가끔 출근길을 바꿔서 다녀요. 더 멀리 돌아가는 길이라 하더라도 제게 새로운 자극을 주는 거죠. 똑같은 길이지만 이렇게도 가보고 저렇게도 가보는 거예요.

저는 청소년 여러분이 익숙한 게임에만 빠지지 않았으면 좋겠어요. 게임하는 건 좋아요. 이 게임도 해보고 저 게임도 해보세요. 리니지에 미쳐서 레벨 몇 까지 올라가는 것만 하지 마세요.

세상은 그렇게 단순하지 않아요. 다양한 사람들이 있고, 다양한 즐길 거리가 있고, 다양한 관점이 있고, 다양한 의견들이 있어요. 다양성을 유지하는 게 시장의 미덕이죠. 세상이 똑같지 않다는 것을 느낄 수 있는 많은 기회를 가지면 좋겠어요. 영화나 드라마도 많이 보고, 다양한 게임도 해보고, 운동과 여행도 하면서 이 세계와 사람에 대해 알아가면 좋겠어요.

분석능력을 키우려면 어떻게 해야 할까요?

📝 분석능력을 키우려면 어떻게 해야 할까요?

👤 결과가 중요한 게 아니라 과정이 중요해요. 그것을 분석할 줄 알아야 내 것으로 만들 수 있어요. 어떤 이론이 있을 때 결과가 아닌 만들어진 과정에 대해 알려고 노력하세요.

신대륙에 간 사람은 여러 명이었어요. 콜럼버스가 처음 간 게 아니라 바이킹이 제일 먼저 갔었죠. 그런데 왜 바이킹을 신대륙 발견자라고 하지 않을까요? 항로를 개척하지 않았거든요. 우연히 갔다가 우연히 돌아왔어요. 어떻게 돌아왔는지 본인도 몰랐어요. 지도 없이 돌아온 거죠. 그래서 바이킹을 선구자라고 하지 않아요. 선구자는 후배들이 재현 가능한 길을 터주는 사람을 의미해요.

그래서 어떤 현상이 있을 때 그게 왜 잘됐는지 앞으로 어떻게 하면 더 잘될 것인지를 논리적인 틀 안에서 연구해야 되요.

📝 청소년 시절의 도전정신도 중요할 것 같아요.

👤 저는 아이들한테 자주 질문해요.

"이게 바르다고 생각하는 사람? 틀리다고 생각하는 사람?"

아이들은 손을 들지 않아요. 모두 중립이에요. 그럼 발전이 없어요. 맞든 틀리든 두려워하지 말고 손을 들어야죠. 틀리면 틀리는 대로 맞으면 맞는 대로 조율하면 되거든요. 그런데 요즘 학생들은 가치판단을 하지 않아요. 맞든 틀리든 한 가지를 정하기 바라요. 그게 도전의식이에요.

어떤 것을 선택하는 것은 도전이거든요. 누군가에게 선택해달라고 하는 건 잘못된 거예요. 잘 모르더라도 스스로 선택하고 선택한 것에 대한 결과를 수용하겠다는 도전의식이 있어야 해요.

미래를 예측하는 감각은 어떻게 키우죠?

📭 미래를 예측하는 감각을 키우기 위해서 청소년들은 무엇을 해야 할까요?

📭 앞에서 역사에 대해 설명했는데 역사는 계속 흘러왔어요. 그럼 앞으로 어떻게 흘러갈 것인가를 생각해보세요. 그 고민, 즉 미래사회가 어떻게 될 것인가에 대한 질문이 미래의 시장과 그것을 움직이는 기술요소, 그리고 기업의 문제와 귀결되는 것 같아요.

과거 30년을 되돌아보면 상상할 수 없는 시장이에요. 스마트폰이 없었을 때를 생각해볼까요? 제가 대학 다닐 때는 PC가 없었어요. 그래서 타자를 배웠죠. 앞으로의 30년은 어마어마하게 무서운 시대가 될 거예요. 그 무서운 시대가 닥쳤을 때 후회하지 말고 예측하면서 대응해나가자는 거죠.

SF영화를 많이 보세요. 과학적인 근거가 있는 이야기거든요. 그게 무엇을 의미하든 간에 여러분은 SF 영화에 나온 어마어마한 상상을 현실에서 겪어보고 죽을 거예요. 1970년대에 나온 책 중에 2015년의 미래를 상상한 책이 있어요. 그게 대부분 이루어졌어요. 지금 과학적으로 상상하는 모든 것도 현실이 될 거예요.

3D프린터로 음식도 만들 수 있어요. 원자, 분자단위로 카트리지를 꽂아 놓고 아메리카노를 주문하면 아메리카노를 타주는 시대가 얼마 안 남았어요. 호기심 훈련을 위해 SF영화를 보면서 그것이 어떻게 이루어지는지, 그런 시대가 오면 나는 무엇을 위해 살아갈 것인지, 어떻게 대응할 것인지 고민해보세요. 이제 곧 그런 시대가 와요.

사람을 좋아하는 성향이 필요한가요?

편 사람을 좋아하는 성향이 필요한가요?

유 우리는 시장에서 움직이는 금융가예요. 은행에 있는 금융가들은 은행에 앉아 담보서류만 보고 대출을 집행하지만 우리는 투자를 받는 피투자기관의 사람과 대상이 되는 고객까지 전부 이해해야 해요. 아주 다양한 종류의 사람들을 만나야 하죠.

내 취향이 아니더라도 다양한 관점에서 바라볼 수 있어야 해요. '아이러브커피'라는 게임이 있어요. 저는 처음부터 이 서비스가 마음에 안 들었어요. 회원가입을 하고 들어가면 카페의 주인이 되는 거예요. 아바타들이 걸어서 카페로 들어오면 커피를 시켜먹죠. 아바타들이 가면 테이블을 청소해요. 원두가 떨어져서 추가해 넣으면 갈아서 채워져요. 이렇게 카페경영게임을 하는 거예요.

저는 이 게임이 재미없었어요. 그래서 투자를 거절했죠. 그런데 나중에 잘 돼서 하루에 5억 원을 벌었고 그해 당기순이익이 1천억 원 넘게 났어요. 상장도 했죠.

내 취향이 아니더라도 다양한 고객들을 만나고 그들의 관점을 이해할 수 있어야 해요. 사람을 만나면 그들만의 스토리가 있잖아요. 진실이 있고, 기쁨이 있고, 슬픔이 있죠. 타인의 다양성을 인정하면서 새로운 관점을 갖는 거예요.

문제를 꿰뚫어 볼 수 있는 능력이
필요한 것 같아요.

편 문제를 꿰뚫어 볼 수 있는 능력이 필요한 것 같아요.

유 문제를 직관할 수 있는 능력이 있어야 해요. 애들이 야간 자율학습을 안 한다고 했을 때 문제의 본질이 무엇인지 파악하고 모두에게 유익한 해결 방법을 만드는 솔로몬의 지혜 같은 게 필요해요. 솔루션을 만드는 해결사의 감각과 능력이 필요하죠.

페이스북은 간절한 니즈^{needs}가 아니라 잠재적인 니즈에 의해서 만들어진 거예요. 어떤 니즈였을까요? 지금 사회는 핵가족화되어 있어요. 예전에 형이 영화를 보고 왔는데 너무 재미있었나 봐요. 저한테 이야기해주겠다고 하는데 듣기 싫다고 했죠. 그래도 하겠다고 해서 백 원 주면 들어주겠다고 했어요. 결국 형은 백 원을 내고 이야기했어요.

왜 돈을 내면서까지 이야기하고 싶을까요? 그게 사람이에요. 맛있는 거 먹으면 이야기하고 싶고, 되새기고 싶고, 누군가로부터 그에 대한 질문을 받으면 너무 기쁘죠. 그런데 핵가족화 되면서 이야기할 곳이 없어졌어요. 진짜 맛있는 걸 먹었는데 혼자 살면 이야기할 곳이 없잖아요. 그래서 SNS에 올리는 거예요. 사람들이 감탄하고 어디냐고 물어보죠. 이렇게 사회적인 관계를 SNS로 보상받는 거예요 그러니까 SNS가 잘되는 거죠.

사람들의 니즈는 시대나 동서양을 막론하고 똑같아요. 그러니까 역사를 제대로 이해하라는 거죠.

대학에서 어떤 과목을 전공하면 유리한가요?

편 대학에서 어떤 과목을 전공하면 유리한가요?

유 이공계에서는 산업공학과 전공자가 제일 많아요. 산업공학은 특정한 기술을 배우기보다는 산업의 구조를 두루두루 공부하는 학문이에요. 이공계는 산업공학이 제일 많고, 상경계는 자본의 흐름을 읽을 수 있는 경영학 전공자가 많아요.

그리고 특정 분야의 공학은 화학공학, 전자공학, 생명공학 등 이 시대를 반영하는 응용학문 전공자가 많아요. 요즘은 복수전공을 많이 하니까 산업공학이나 경영학 중에 하나는 전공하는 게 유리합니다.

필요한 자격증이 있나요?

편 필요한 자격증이 있나요?

유 없어요.

편 정말요? 도움이 되는 자격증은 있나요?

유 연관된 자격증을 말하자면 증권분석사, 기술평가사, 가치평가사 공인회계사 등이 있는데 나름 업무에 도움이 되겠지만 자격증이 벤처캐피털리스트가 되는 데 필수 조건이라고 할 수는 없습니다.

입사면접과 시험이 따로 있나요?

편 입사면접과 시험이 따로 있나요?

유 아니에요. 대규모 공개채용을 통해 신입사원을 뽑는 게 아니라 소수의 경력직을 주로 뽑죠. 업계 간의 이동이 많고요. 증권사 애널리스트 출신이나 전문기업의 핵심 부서에서 사람들을 소개받거나 스카우트합니다. 대부분 미래에 대한 관심과 욕심이 많은 사람들이라 스펙이 엄청나요. 박사, 교수들도 있으니까요.

편 공채나 시험이 없네요.

유 보통 스카우트를 통해 채용하고 공개채용을 하더라도 심층면접을 통해 결정하기 때문에 이력관리가 가장 중요해요. 지향점과 전문성, 경험 등이 면접을 통해 드러나죠.

유학을 다녀오는 게 도움이 되나요?

[편] 유학을 다녀오는 게 도움이 되나요?

[유] 유학을 다녀와서 외국에 네트워크가 있다는 건 좋은 일이에요. 우리는 좋은 기업을 좋은 시장에 파는 일을 하잖아요. 그 시장이 국내에 한정된 것 보다는 외국으로 확장하는 게 훨씬 더 많은 기회를 가질 수 있죠.

최근에 중국이 뜨고 있어요. 중국어를 잘하면 좋을 것 같아요. 중국어를 할 수 있다는 것은 중국시장을 활용할 수 있다는 거죠. 영어를 하면 미국시장을 이해하고 활용할 수 있어요. 그래서 큰 시장을 중심으로 언어를 익히는 게 좋아요. 중국에 벤처기업의 고객들이 있거든요.

벤처캐피털리스트가 되면~
속닥속닥, 귓속말

이 직업을 갖게 되면 어떤 변화가 생기죠?

편 벤처캐피털리스트와 보통사람은 어떤 차이가 있을까요? 이 직업을 갖게 되면 어떤 변화가 생기죠?

유 미래에 대한 호기심을 갖게 되요. 호기심에 그치지 않고 새로운 기술과 시장을 늘 연동시키죠. 새로운 기술과 상업적인 시장성을 연계해서 생각해요.

'포켓몬 고'와 비슷한 게임이 10년 전에 한국에 나왔는데 시장성이 없어서 반대했어요. 이렇게 새로운 기술이 나오면 그 기술이 상업 시장에 어떻게 접목될지 즉 기술과 시장을 아주 직관적으로 연계해서 사고하는 습성이 있어요.

3D프린터가 나왔는데 보통사람은 만드는 기술에만 관심을 가져요. 그런데 벤처캐피털리스트는 3D프린팅을 통해서 열릴 새로운 시장에 대해서 연구해요. 우리는 3D프린터를 파는 시장이 중요한 게 아니라 이 프린터와 연계된 다양한 시장이 어떻게 형성될지를 연구하죠. 그래서 이 일을 하는 사람은 사고확장능력이 발달할 수밖에 없어요.

해외에서 새로운 기술이 나오면 결국 한국시장에 영향을 주기 때문에 두 가지를 연계해서 생각하죠. 카피나 벤치마킹,

아니면 응용과 활용을 해요. 전 세계적인 시장의 요구와 유행이 비슷하기 때문에 시장과 기술을 연동해서 생각하죠. 새로운 정보와 트렌드를 시장과 연동하고요.

📕 예민하고 민감한 직업인 것 같아요.

🔲 우리는 과학기술의 발달에 항상 촉을 세우고 있어요. 사이언스 잡지, 기술논문, 대기업의 기술상품과 전시에 민감하죠. 삼성이 올레드 TV를 출시하면 가장 크게 반응하는 게 벤처캐피털리스트예요. 중국의 어떤 회사가 새로운 제품을 만들면 그 전시회에 가고 제품과 관련한 전문잡지, 신문, 페이스북을 뒤적거리죠. 사람들은 재미를 느껴서 SNS에 올리지만 우리는 그런 정보와 반응을 예민하게 관찰해요.

예를 들면 GPS 장치는 아직 차선 파악을 못해요. 그런데 앞으로 아주 정밀한 GPS 장치가 개발되어서 차선까지 안내하겠죠. 벤처캐피털리스트는 차선까지 파악하는 GPS 기술이 나왔다는 소식을 듣자마자 그게 우리 산업 어디에 적용되고 그 범위가 어느 정도 클지를 빠르게 분석하고 예측해요.

우리는 사람들에 대해서도 민감해요. 시장의 중심은 사람이기 때문에 사람이 제일 중요하죠. 기술을 제공하고 기술을 소비하는 것 또한 사람이잖아요. 나홀로족, 혼밥, 혼술 이런 트렌드는 결국 사람들이 만드는 거죠.

저출산 시대, 아이들의 숫자는 줄어들지만 교육열은 높아졌어요. 아이들의 입시제도에 따라 교육 콘텐츠 시장도 민감하게 반응해요. 독거노인들이 많거나 돈 많은 노인들이 많다는 사회적 이슈가 생기면 실버산업시장도 바로 반응하고요.

벤처캐피털리스트의
고민과 갈등에 대해서 이야기해주세요.

편 벤처캐피털리스트의 고민과 갈등에 대해서 이야기해주세요.

유 이 직업은 1억 투자했을 때 1년 수익이 3천만 원이어야 하는 일이에요. 즉 어떤 벤처기업에 투자하면 2~3년 후에 두 배 수입이 나와야 해요. 그런데 벤처캐피털은 10개의 벤처기업 중에 3개도 성공시키기 힘들어요. 7개의 벤처기업이 성공하지 못하는 거죠.

편 무거운 책임을 진 직업이네요.

유 벤처캐피털은 모두 성공할 수 있는 투자가 아니에요. 통계적으로는 잃는 게 더 많아요. 10개 투자해서 1개만 겨우 성공시키는 사람도 있어요. 10개 중에 7개 실패하고 3개만 성공해도 대단한 거예요. 성공보다 실패가 더 많은 일이죠. 그러면 '난 최선을 다했는데 왜 투자에 실패했을까?'에 대한 고민이 생겨요.

이 일은 사람, 기술, 시장이 잘 맞아 떨어졌을 때 성공해요. 내가 선택한 사람과 기업이 갖고 있는 기술, 시장이 서로 안 맞을 때 실패해요. 벤처기업가의 핵심능력은 시기적절한 시장을 공략하는 거예요. 아무리 좋은 기술이라도 너무 일찍 시도하면 실패할 수밖에 없거든요.

결국 벤처캐피털은 7개를 실패하더라도 3개의 성공을 통해서 그 동안 잃은 것까지 다 만회해야 해요. 두 배 정도의 수익을 내려고 투자하지만 실제로 성공하면 훨씬 더 큰돈을 벌어요. 2배가 아니라 10배, 20배, 100배의 수익이 날 때도 있어요. 그래서 성공한 3개가 실패한 7개의 실패를 보상하는 거죠.

그래서 7개는 투자금을 잃더라도 3개의 올바른 선택을 반드시 해야 한다는 고민이 있죠. 게임과 비슷하지만 도박은 아니에요. 도박으로 보일 수 있지만 벤처캐피털리스트가 벤처기업의 성공을 위해 함께 뛰어다니기 때문에 절대로 도박이 될 수 없죠. 최선을 다해서 내 선택에 책임을 지는 직업이에요.

벤처캐피털리스트의 일과가 궁금해요.

[편] 벤처캐피털리스트의 일과가 궁금해요.

[유] 사무실에 출근하지 않고 기업현장에 출근하는 날이 많아요. 출근하는 날은 오후에 기업을 방문하거나 기업이 우리를 방문해요. 기업을 설명하는 활동 즉 IR(Investor Relations)을 하는 거죠. 일주일에 1~2회 정도 기업과 투자자가 공식적으로 만나는 자리를 만들고 그 기업에 투자해도 되는지 심사하는 회의를 열어요. 내부적인 심의위원회죠.

벤처캐피털리스트는 두 개의 얼굴을 갖고 있어요. 기업에 투자하기 전에는 법원의 검사처럼 그 기업을 조사하고 파헤쳐요. 그런데 투자를 하겠다고 결심하면 그 기업의 변호사처럼 바뀌어요. 벤처캐피털리스트는 투자하기로 결정한 기업을 투자심의위원회라는 회의에 올려요. 다른 심의위원들이 마구 공격하죠. 그러면 저는 그 기업을 방어하고요.

경쟁사 기술의 허점이 무엇인지, 그들이 놓치고 있는 시장이 어떤 건지, 왜 이 회사의 기술이 시장을 장악할 거라고 보는지 논리적으로 설명해서 심사위원들을 설득해요. 변호사와 의뢰인의 관계랑 비슷하죠? 그래서 기업과 벤처캐피털리스트는 가까워야 해요. 기업의 아킬레스건까지 다 알아야 하죠. 그래야 이 기업에 위기가 닥쳤을 때 어떻게 극복할 것인지 같이 고민할 수 있거든요. 이런 내용의 회의를 일주일에 한 번 정도 해요.

일주일에 3~4회 정도 기업과 편하게 미팅하는 자리도 있어요. 그리고 가장 중요한 일정은 다른 벤처캐피털리스트와의 미팅이에요. 이 일은 혼자 투자하면 위험이 커 보이지만 둘이 함께 투자하면 작아 보여요. 그래서 공동투자를 많이 하죠. 그만큼 업계 내의 정보교환이 굉장히 중요해요.

📧 이 직업에 중요한 인맥은 어떤 거죠?

😀 벤처캐피털리스트로서 성공하기 위한 네 가지 인맥이 있어요.

첫째, 펀딩을 받을 수 있는 네트워크 즉 돈을 가진 사람들과의 네트워크

둘째, 동종업계 사람들끼리의 정보 네트워크

셋째, 새로운 기술을 검증할 수 있는 기술 레퍼런스네트워크

넷째, 좋은 벤처기업을 소개받고 발굴할 수 있는 네트워크

이렇게 되죠.

유 이 일은 주5일 근무예요. 보통 사람들은 인맥관리를 위해서 주말에 골프를 하고. 식사나 술자리도 많죠. 저는 술을 잘 못 마시기 때문에 많이 참석하지 않지만 사람들과의 관계는 또 다른 방법으로 만들어야 하지요.

사람들이 인맥을 중요시하는 이유는 불안하기 때문이에요. 제가 가진 것을 이야기하고 타인에게 지지받기를 원하고 투자에 대한 조언도 구하는 거죠.

편 투자를 원하는 기업 입장에서는 술을 못 드시는 대표님을 대하는 게 어려울 것 같아요.

유 이 일은 사람을 많이 만나는 직업이에요. 특히 기업은 투자자에게 식사를 제공하려고 하는 경우가 있어요. 때문에 자칫하다가는 사고가 생길 수 있어요. 벤처캐피털리스트는 투명해야 합니다.

편 운동은 하세요?

유 벤처캐피털리스트는 골프를 쳐요. 이 직업은 시간이 자유로운 편이어서 주말이나 평일에 운동을 하죠. 보통 인맥관리를 위해 골프를 치기 때문에 평일에 골프장 가는 것이 허용되기도 해요.

기술과 지식, 기업에 대한 정보는 어떻게 채우나요?

편 기술과 지식, 기업에 대한 정보는 어떻게 채우나요?

유 새로운 정보는 두 가지로 나눌 수 있어요.

첫 번째는 기술과 시장에 대한 정보죠. 대부분 과학 분야의 채널을 통해서 얻어요. 사이언스 잡지, 논문, 전시회, 국제회의, 협회 같은 곳에서 새로운 기술에 대해 어떤 기준을 만들어 가는지가 중요하죠.

두 번째는 사람에 대한 정보예요. 이건 인문학적인 부분이라 신문, 드라마, 책 등 다양한 인문 채널을 늘 열어놓고 있어요.

저는 전시회를 자주 가요. 코엑스에서 전시회가 열리면 다 가요. 오전에 인터넷으로 정보검색을 하고 전자신문과 경제신문을 많이 봐요. 그곳에 나와 있는 기업에 전화해서 기업탐방을 제안하죠. 관련 분야 사람들을 다 뒤져서 리스트를 만들어요. 그리고 세미나에 참석하면 프레젠테이션하는 기업이 있잖아요? 그 기업을 리스트에 적어놓고 비교검색을 하죠.

수입은 어떻게 되나요?

편 수입은 어떻게 되나요?

유 월급은 기본급과 인센티브가 있어요. 기본급은 경력의 경우 평균 1억 원 내외인 것 같아요. 인센티브를 받으면 더 높아지는데 보통 성과의 3~5% 정도를 성과급으로 받아요. 벤처기업을 통해 100억 원을 벌었다면 3억 원에서 5억 원을 성과급으로 받죠. 신입의 경우는 연봉이 5천만 원에서 6천만 원 정도예요. 기본급은 대기업 수준에 맞춰져 있어요. 보통 대기업 연구소에서 오거든요. 대기업 소속의 벤처캐피털도 많아요.

실적이 좋은 사람은 연봉이 수억 원 되고요. 인센티브가 10억 원, 20억 원 쌓이는 것도 봤어요. 그러면 독립해서 벤처캐피털을 설립하죠.

정년이 있나요?

편 정년이 있나요?

유 미국은 나이가 많은 벤처캐피털리스트들이 있어요. 이 일은 사람을 선택하는 영역에 있기 때문에 경험이 많으면 많을수록 숙련되고 노련해져요. 나이와 상관없이 할 수 있는 좋은 직업이죠.

스트레스는 어떻게 관리하세요?

편 스트레스는 어떻게 관리하세요?

유 투자한 기업이 잘 안 될 때 엄청난 스트레스를 받아요. 잠을 못 자죠. 그리고 유사한 회사가 나왔다는 신문기사가 나오면 어떻게 대응할지 계속 생각하죠. 또 하나의 스트레스는 투자를 안 한 기업이 잘될 때에요. 좋은 기업을 왜 놓쳤을까 반성하죠.

어떤 기업이 뜰 수 있을지 고민하고, 좋은 기업이 잘 안 될 때 어떻게 도와줄까 고민하는 것도 사실 스트레스예요. 그런데 성공한 기업을 보면 일종의 대리만족을 느껴요. 투자한 기업이 잘 되는 것도 중요하지만 혁신적인 기술로 시장을 돌파하는 기업들을 보는 것만으로도 기분이 좋고 스트레스가 풀려요. 흐뭇하죠.

좋은 기업들을 인정하는 게 스트레스를 해소하는 방법이에요. 내가 패배했다고 생각하지 않고 상대방을 칭찬하는 게 좋은 것 같아요. 성공한 기업은 벤치마킹할 게 많아요. 괜히 성공한 게 아니거든요. 성공 요소를 뽑아서 내가 키우는 기업에 적용시켜요. 제가 스트레스를 푸는 방법이죠.

마지막으로 하고 싶은 이야기는요?

편 청소년들에게 마지막으로 하고 싶은 이야기가 있을까요?

유 미래의 변화를 직시하세요. 로봇이 점점 발달하고 첨단시스템의 시장이 움직이면서 생산성 없는 사람들은 도태될 수밖에 없는 빈익빈 부익부 세상이 올 거예요. 그 안에서 로봇의 세상이 아니라 인간 중심의 세상을 꿈꾼다면 나는 어디로 가야할지 고민해야겠죠.

세상이 선한 방향으로 가기 위해 내가 어떤 역할을 할 것인지, 사람들을 어떻게 연결해서 무엇을 만들어 낼 것인지 고민하면 좋겠어요. 특히 강한 의지를 갖기 바라요. 패배의식을 가지면 안 됩니다. 내가 할 수 있는 게 별로 없다고 생각할지 몰라요. 거대 시스템과 자본이 이 세상을 두고 싸우지만 사실 이 모든 것을 움직이는 것은 사람입니다.

너무 절망해서 취직도 포기하고 결혼도 포기하는 건 그 다음의 세상을 포기하는 거예요. 세상을 바꿀 수 있어요. 세상은 넓고 무엇이든 할 수 있어요. 자신의 역할에 따라 실제로 모든 것을 바꿀 수 있어요. 벤처캐피털리스트의 진입장벽이 어렵다고 생각할 수도 있지만 열정이 있고 노력이 있다면 충분히 할

수 있어요. 선한 의지와 선한 노력을 하면 반드시 이 일을 해
낼 수 있고 세상을 바꿀 수 있다는 이야기를 하고 싶어요.

Job
Propose 03

벤처캐피털리스트의 벤처기업 평가

벤처캐피털은 벤처캐피털리스트가 기업의 가치를 평가해서 투자를 하고 기업이 성장하면 주식을 시장에 판매해서 수익을 보는 구조를 가지고 있습니다.

이전에 밭떼기 배추장사의 비유를 들어 설명해 드렸습니다. 배추농사꾼으로부터 아직 완전히 익지 않은 배추를 일정부분 구매하고 농사꾼이 가을까지 배추를 잘 키울 수 있도록 도움을 준 후에 가을에 배추를 시장에 출하할 때 배추장사의 배추도 함께 시장에 팔게 되는 데 이를 공개주식시장 상장 IPO*라고 합니다.

결국 벤처캐피털은 기업의 주식을 가치평가해서 사고 인큐베이팅이라는 기업성장지원을 통해 기업의 가치를 올려 이를 수익화하는 과정을 거칩니다.

그럼 벤처캐피털리스트는 기업을 어떻게 가치평가할까요?

---

* IPO(Initial Public Offering)란 비상장기업이 유가증권시장이나 코스닥시장에 상장하기 위해 그 주식을 법적인 절차와 방법에 따라 주식을 불특정 다수의 투자자들에게 팔고 재무내용을 공시하는 것 (Naver).

■ 일반적 벤처캐피털 평가방법

- 본질가치와 동종업계의 PER을 통한 수익률 및 주가결정

  − 발생주식수, 동종유사회사의 PER, IPO시점 등을 전제로 한 가치산정

| 미래 재무제표 추정 | 향후 2~3년간의 추정재무제표 산출 |

| 본질가치평가 | 자산가치와 수익가치를 통한 본질가치 평가 |

| 유사회사 비교분석 | 경쟁사 및 동종 공개기업의 주가분석을 통한 적정 PER 도출 |

| 수익률 평가 | IPO를 통한 자금회수를 전제로 수익률 평가 |

| 투자배수 조절 | 투자희망기업의 투자배수와 창투사의 수익률 조정 |

1. 기업의 미래 성장곡선을 예측합니다.

보통은 3년치의 기업성장을 예측하고 이를 재무제표의 기업경영숫자로 만드는 데 이를 미래 추정재무제표라고 합니다.

올해는 얼마의 매출과 이익을 달성 할 수 있을까? 그리고 내년과 내후년은 어떨까? 이러한 추정은 쉽지 않습니다. 일단 기업의 경영진이 어떤 의지와 전략을 가지고 있는 지 충분이 듣고 그것에 대한 타당성을 검증한 이후에 숫자를 제시합니다. 기업의 대표와 경영진은 상대적으로 낙관적이고 긍정적인 미래를 예측합니다. 그렇지만 투자자는 지나친 낙관은 금물입니다. 그래서 상대적으로 보수적인 추측을 합니다.

■ 미래 재무제표의 추정

• 대상회사의 정성적 평가를 전제로 정량적 가치평가 실시
• 현재의 제품 및 미래의 제품에 대한 시장의 반응을 전제
• 과거의 매출과 영업처를 분석하고 향후의 영업처를 예상
• 향후 3년의 매출 예상을 보수적인 관점에서 예측
  − 제품별, 거래처별 예상 매출액 추정
• 제품별 매출원가 추정
• 판매관리비 등의 일반관리비 추정
• 향후 생산시설 등의 확장을 고려한 감가상각비 고려
• 세금 등의 특수 사항 등을 반영

■ 미래 재무제표의 작성

(단위 : 천 원)

연도 항목	2009년	2010년	2011년
매출액	4,883,000	30,752,000	46,270,000
매출원가	3,463,510	20,915,929	29,134,882
매출총이익	1,419,490	9,836,071	17,135,118
판매비와 일반관리비	1,198,428	3,599,561	5,246,447
영업이익	221,062	6,236,511	11,888,671
영업외수익	35,878	55,001	44,812
영업외비용	67,778	95,778	99,252
경상이익	189,161	6,195,733	11,834,231
특별이익	0	0	0
특별손실	0	0	0
법인세차감전순이익	189,161	6,195,733	11,834,231
법인세등	37,928	977,801	1,874,323
당기순이익	151,233	5,217,931	9,959,909
매출액증가율	17.4%	529.8%	50.5%
매출이익율	29.1%	32.0%	37.0%

연도 항목	2009년	2010년	2011년
유동자산	8,13,030	8,094,564	21,198,570
고정자산	10,901,881	17,305,098	13,896,883
자산총계	19,024,910	25,399,662	35,095,453
유동부채	2,329,602	8,890,381	4,334,308
고정부채	4,259,824	3,855,865	3,147,821
부채총계	6,589,426	7,746,246	7,482,129
자본금	11,300,000	11,300,000	11,300,000
자본잉여금	15,000	15,000	15,000
이익잉여금	1,120,484	6,338,415	16,298,324
자본조정	0	0	0
자본총계	12,435,484	17,653,415	27,613,324
부채와 자본총계	19,024,910	25,399,662	35,095,453

2. 기업의 본질 가치를 평가합니다.

기업의 가치는 재산과 능력 측면의 가치를 모두 고려합니다. 재산 가치는 기업이 가지고 있는 유형자산 즉 공장, 대지, 건물, 기계 등과 같이 눈에 보이는 재산이 있으며, 객관적인 형체를 가지고 있지 않으나 가치가 있는 특허, 사업권, S/W, 영업권 등의 무형자산을 가치평가합니다.

그리고 능력가치평가란 수익을 만드는 수익창출능력을 의미하는데 올해 수익을 얼마 낼 수 있는지 그리고 앞으로 얼마나 수익을 내는 지를 평가합니다.

3. 유사한 회사를 분석해서 비교합니다.

두 기업이 똑같이 100억 원의 당기순이익을 낸다고 해도 기업의 가치는 전혀 다를 수 있습니다. 생명공학 분야의 벤처기업인 경우 적자가 나더라도 높은 가치를 평가받는데, 이는 기업이 앞으로 크게 성장하여 높은 수익을 낼 것이라는 기대가 있기 때문입니다.

비슷한 업종이더라도 분야에 따라 사람들의 기대가 다른데 이러한 기대를 분석하기 위해 투자검토 대상인 회사와 가장 유사한 회사에 대해 분석합니다.

만일 A라는 회사가 당기순이익으로 50억 원을 냈는 데 500억 원의 가치를 인정 받았고 다른 B라는 회사는 50억 원의 당기순이익을 내고 시장에서 2000억 원의 기업가치를 인정받았다고 가정해 봅시다. 우리가 투자하려고 하는 회사가 어떤 회사와 유사한지를 비교하여, 30억 원의 순이익이 2년 후의 미래에 예상된다면 얼마만큼의 가치를 인정받을 수 있을까 고민을 해야 합니다. 만일 이 회사가 A라는 회사와 유사한 사업구조와 제품을 가지고 있다면 이 회사는 300억 원의 가치를 미래에 인정받을 수 있다고 추측하게 되고, 만일 B라는 회사의 구조를 가지고 있다면 우리가 검토하는 회사는 미래가치를 600억 원으로 추정하게 됩니다.

단 회사는 각자의 특수한 사정이 있어 이를 단순 비교하기 어렵기 때문에 그 분야에서 유사한 회사의 집단을 선정해서 평균으로 분석해야 합니다.

4. 수익률을 평가합니다.

이렇게 해서 3년 후에 만들어질 추정 재무제표와 그를 바탕으로한 이익, 그와 유사한 회사의 기대가치 평가를 반영해서 3년 후의 가치를 평가합니다.

그렇게 산출된 미래 가치를 다시 현재가치로 계산하는데, 이를 미래가치의 현재가치로의 할인이라고 합니다.

3년 후 미래에 500억인 회사는 현재는 얼마일까요? 보통은 년 할인율을 25~30%로 적용하게 됩니다.

3년 후	2년 후	1년 후	현재 가치
500억 원	350억 원	245억 원	171.5억 원

할인율은 투자기관의 기대수익률이 됩니다 3년 후에 500억 원이 될수 있는 회사를 현재 170억 원에 사면 기대수익률이 년 복리 30%의 투자가 되는 것입니다.

5. 투자배수와 투자조건을 정합니다.

이렇게 회사의 추정재무제표를 바탕으로 미래가치를 정하고 이를 현재가치로 계산하면 현재 기업의 가치는 170억 원으로 정해집니다. 그리고 회사의 현재 자본금이 17억 원이라면 투자자는 10배수로 투자를 하게 됩니다. 주당 500원짜리 주식을 5000원에 사는 겁니다. 회사의 자본금이 15억 원이면 주식은 500원짜리 3백만주로 구성되게 되는 데 투자유치를 위해서 500원짜리 주식 40만주를 신주로 발행하여 자본금을 2억 원 증자하고 투자유치 20억 원을 조달하게 됩니다.

나도 벤처캐피털리스트
Case Study

1. 가치평가 실습하기

기업의 가치평가에 대해 쉽게 사례를 가지고 실습하도록 하겠습니다.

「재크와 콩나무」에서 재크는 거인나라에서 황금알을 낳는 거위를 안고 내려왔습니다.

Q.1 이 거위는 매년 12월 31일에 황금알 하나를 낳습니다. 거위의 가격은 얼마나 될까요? 황금알의 무게로 따지면 1억 원의 가치가 있습니다. 그러나 황금알을 파는 것이 아니라 거위를 판다면 거위의 가격은 얼마로 책정해야 될까요?

각자의 논리로 거위의 가격을 말해봅니다.

Q.2 만일 거위가 죽지도 않고 매년 한 알의 황금알을 낳으면 거위의 가격은 얼마일까요? 단, 당신은 은행에서 돈을 빌려야 합니다. 이자율이 10%라면 어떻게 될까요?

Q.3 만일 거위가 2년의 시한부삶을 가지고 있다면 가치는 얼마일까요?

Q.4 만일 거위가 일반 풀을 먹지 않고 특수 가공한 사료를 먹는다고 가정합시다. 사료의 비용은 1년에 1000만원, 거위를 돌봐주는 사람의 연봉이 5000만 원이라면 2년 시한부의 거위의 값은 얼마로 책정할까요?

Q.5 만일 거위가 올해는 1알의 황금알을 낳지만 내년에는 2개를 낳고 내후년에는 3개를 낳고 매년 1개씩의 황금알을 더 낳으면 거위의 가격은 얼마가 될까요?

문제의 답은 토크쇼 페이스북에서 확인하세요.
www.facebook.com/talkshowpub0608

2. 벤처기업 만들기

우리 사회(시장)가 가진 문제, 갈등, 불합리와 기술발달의 부작용 등을 벤처기업을 통해서 선제적으로 대응할 수 있습니다.

- 1단계 : 시장의 발견

- 1단계는 시장의 발견 단계입니다. 실습은 각자 진행하거나 관심분야가 같은 5~6명의 팀단위로 할 것을 권장합니다.

- 문제 인식을 통한 시장의 발견

- 내가 관심을 가진 문제는 무엇인가?

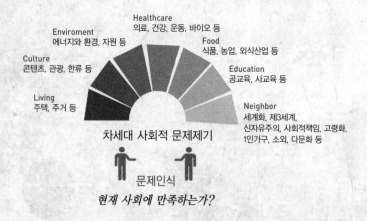

Healthcare
의료, 건강, 운동, 바이오 등

Enviroment
에너지와 환경, 자원 등

Food
식품, 농업, 외식산업 등

Culture
콘텐츠, 관광, 한류 등

Education
공교육, 사교육 등

Living
주택, 주거 등

Neighbor
세계화, 제3세계,
신자유주의, 사회적책임, 고령화,
1인가구, 소외, 다문화 등

차세대 사회적 문제제기

문제인식

현재 사회에 만족하는가?

[고객의 발견] 작성

관심분야	☐ Living ☐ Culture ☐ Environment ☐ Healthcare ☐ Food ☐ Education ☐ Neighbor		
대상고객	** 여러분이 관심을 가지고 있는 분야의 고객은 누구입니까?		
	** 고객에 대한 일반적인 설명을 최대한 자세히 설명하시오		
고객의 불편함			
불편함의 원인			
고객의 요구			

- 2단계: 아이디어 제안 (PLAN)

- 2단계는 1단계에서 발견한 시장의 문제를 바탕으로 아이디어를 창출하는 단계입니다.
- 1단계의 결과물을 서로 발표하여 비슷한 문제에 관심있는 사람들을 5~6명 단위로 묶고 2단계를 진행합니다.
- 브레인스토밍의 아이디어 도출은 다음의 3단계에 따라 진행합니다.

브레인스토밍
- 아이디어 도출
- 평가과정 없이 최대한 많은 아이디어 도출

아이디어 평가
- 도출된 아이디어의 분류
- 분야별로 분류하여 아이디어를 그룹별로 평가

아이디어 개량
- 아이디어 개량
- 아이디어를 종합하여 최상의 아이디어로 개량

브레인 스토밍의 12가지 규칙

01 브레인스토밍의 목적을 정하고 문제를 정의하라

02 규칙을 마련하고 엄수하라

03 목표치를 정하라 : 아이디어의 목표치를 정하라

04 어떤 아이디어든 상관 없이 말하라

05 서두르지 마라

06 자신의 아이디어를 일찍 판단하지 마라

07 흥분과 열정에 찬 분위기를 조성하라

08 다른 사람의 아이디어를 개량하라

09 아이디어를 많이 만들어라

10 두려워하지 마라

11 사물을 다른 시각으로 바라보라

12 일이 잘 풀리지 않을 때에는 브레인스토밍 자극제를 활용하라
    (잠시의 휴식 등)

브레인스토밍

	아이디어명	세부 내용	장점
1			
2			
3			
4			
5			
6			
7			
8			
9			
10			

아이디어의 분류 및 평가

- 브레인스토밍을 통한 아이디어를 아래와 같은 양식에 의해 평가하여 전체 평균을 내고 점수로 우선순위를 선정합니다.
- 각 아이디어의 평가항목은 100점 만점에서 구체적인 항목은 10점씩, 비중에 따라 20점 혹은 5점 등으로 평가항목과 점수를 조절합니다.

항 목 (가중치) 아이디어	전략 (10)	시장 형성도 (10)	기존시 장저항 (10)	차별성 (10)	시장의 크기 (10)	경쟁력 (10)	구축 비용 (10)	구축 난이도 (10)	수익성 (20)	총계 100점

아이디어의 개량

- 아이디어의 평가에 의해 우선 선정된 아이디어 3개를 중심으로 기 제출된 아이디어 중 관련있는 것들을 연결시키고 중심 아이디어를 바탕으로 아이디어를 개선합니다.

아이디어 분류	제출된 아이디어	아이디어 개량
1		
2		
3		

[아이디어 컨셉] 작성

아이디어명			
아이디어개요	** 아이디어의 개요를 설명하시오		
핵심 Key words	** 3개의 핵심 Key words를 적어 넣으시오		
핵심 고객	** 서비스의 대상이 되는 고객을 설명하시오.		
고객의 Needs			
고객가치 제안			
수익 모델	1	2	3
경쟁사	**경쟁사명 **특징 설명	**경쟁사명 **특징 설명	**경쟁사명 **특징 설명
시장의 Trends 특징	1세대(과거) **특징 설명	2세대(현재) **특징 설명	3세대(미래) **특징 설명

벤처캐피털리스트 유인철

Story

🅟 대표님의 중, 고등학교 시절에 대해 이야기해주세요.

🅤 저희 집은 경제적으로 어려웠어요. 부모님은 공부하라는 잔소리를 하신 적이 없어요. 하지만 아버지의 기대는 항상 컸어요. 제 성적은 중위권인데 친척들에게는 우리 아들 성적이 상위권이라고 하셨죠. 속으로 아버지가 거짓말한다고 생각했어요. 어쩔 수 없이 열심히 공부해서 상위권에 들었죠. 50명 중에 20등 했는데 그래도 흐뭇했어요. 아버지를 거짓말쟁이로 만들지는 않았으니까요.

그런데 아버지가 친척들에게 제가 10등 안에 든다고 또 과장된 자랑을 하셨어요. 열심히 공부해서 10등을 했죠. 다시 제가 5등 안에 든다고 해서 공부했어요. 아버지는 제가 법대에 가기를 원하셨어요. 우리 집안에서 판사, 검사가 나오는 게 아버지의 꿈이었죠. 정말 열심히 공부했어요. 가난해서 누구의 도움을 받는 건 상상도 못했어요. 혼자 공부했죠. 성적이 계속 올라서 결국 법대에 진학했어요.

지금 생각해보면 혼자였지만 주도면밀하게 공부한 것 같아요. 벼락치기에 강했어요. 시험을 앞두고 날짜를 거꾸로 역산하는 버릇이 있었어요. 공부해야 할 분량을 세 부분으로 나눈 후에 각각 세 번 반복 학습하는 방법이었죠.

■편 법대 진학이 본인의 꿈이었어요?

■유 아버지의 꿈은 제가 법관이 되는 거였지만 법대에 진학한 후에 진로를 바꿨어요. 생각이 달라졌다고 할까요? 사람이 사람의 옳고 그름을 판단할 수 없다는 생각을 했어요. '내가 반드시 옳은 판단만을 내릴 수 있을까?' 라는 질문을 던졌죠.

판사가 됐는데 어느 날 조폭이 와서 가족을 두고 협박한다면 내가 버틸 수 있겠냐는 거죠. 그리고 내가 얼마나 대단한 존재라고 누군가에게 죄를 물을 수 있겠어요. 절대적 진실을 알고 판단할 수 있을지 자신이 없었죠. 내가 그 정도의 사람이 안 되면 옳고 그른 판단을 내리는 일보다는 생산적인 일을 하자고 정했어요. 파이를 자르는 일 말고 파이를 키우는 일. 즉 창조적인 일을 하기로 결정했죠. 법조계는 창조성과 거리가 멀어요. 법은 삼단논법에 의해서 규칙대로 적용하죠. 개인적으로 창조적이고 생산성 있는 일, 사람들에게 도움이 될 수 있는 일이 무엇일까 고민했어요.

■편 부모님은 어떤 일을 하셨죠?

■유 아버지는 철공소에서 일하셨어요. 용접 일이요. 어머니는 집에 계시다가 집안 사정이 어려워져서 포장마차를 하셨어요.

학교 끝나고 집에 가면 매일 밤 술주정하는 사람들이 있어서 일부터 늦은 시간에 집에 갔어요. 손님들이 가야 잘 수 있으니까요.

취미 같은 건 없었어요. 그때는 가난한 게 너무 싫었어요. '쟤네 집은 잘 사는데 우리는 왜 가난하지? 내가 뭘 잘못했나?' 그런 고민들을 했죠. 그래서 고등학생 때 서울에 있는 대학을 가서 집을 탈출하는 게 꿈이었어요. 단칸방에서 생활하는 게 너무 싫었죠. 어머니가 지방 국립대에 입학해서 4년 장학금을 받으면 안 되겠냐고 하셨지만 서울로 가겠다고 고집부렸어요. 내가 집안사정을 고민한다고 해서 도움 되는 게 아니니까 고민 자체를 하지 말자고 생각했어요. 중학생 때 신문을 돌렸던 게 기억나네요.

편 중학생 때요?

유 2년 가까이 신문을 돌렸어요. 정말 싫었죠. 어떻게 시작하게 되었냐 하면 위대한 사람들은 고생을 많이 하더라고요. 그 스토리가 멋졌어요. 그것을 따라하느라 시작했는데 정말 만만치 않더라고요.

특히 겨울에 엄청 추워요. 신문 보급소 소장도 무서웠죠.

신문 백 부를 돌리고 나면 빼먹은 곳이 생겨요. 어느 집에 안 넣었는지 도통 생각이 안 나는 거예요. 그럼 그 집에서 전화가 와서 난리가 나죠. 가장 힘들었던 건 신문을 안보겠다고 하는데 소장이 무조건 넣으라는 거예요. 신문을 넣고 도망치다가 주인한테 잡혔죠. 그런 게 너무 힘들었어요.

 부모님이 말리진 않으셨나요?

 한 달에 2만~2만 5천 원을 받아서 어머니께 드렸는데 기뻐하셨어요. 효자라고 생각하셨죠. 그렇게 어렵게 살아도 그게 낙이셨던 것 같아요. 부모님은 가난하게 살아도 언제나 자식들에게 모범을 보이셨어요. 어머니가 막걸리를 팔았어도 절대 구차하지 않았죠. 그래서 부모님을 존경해요. 막걸리를 팔고, 같이 마시고, 가끔 술자리에 앉아 계셨지만 험하게 안 사셨어요. 그래서 비뚤어진 자식이 없어요.

이야기가 옆으로 샜는데 신문 돌린 월급을 받으면 어머니를 다 갖다 드렸어요. 보통 드라마에서는 어머니가 그 돈을 다 모아놨다가 "필요할 때 쓰거라." 하고 통장을 내놓잖아요. 그런데 저희 어머니는 제가 드린 돈을 생활비로 사용하셨죠. 만약 생활비로 사용 안 하고 제 용돈이나 학용품비로 모으셨다면 신문배달을 바로 그만두었을 거예요. 그런데 생활비로 중요하게 쓰시더라고요. 그래서 2년 반 동안 신문배달을 했어요.

결국 나중에 그만두면서 "공부를 더 열심히 할게요."라고 약속했어요. 이런 상황에서 사춘기 방황 같은 건 할 시간이 없었죠.

편 대학 시절은 어떠셨어요?

유 공부를 열심히 해서 장학금을 거의 다 받았어요. 고3 때 눈 통증으로 공부를 제대로 못했어요. 고2 때 1등을 했던 성적이 떨어졌죠. 그래서 재수를 했고 성적이 다시 올라서 연세대학교 법대에 갔어요. 원래 서울대학교 정치외교학과를 가고 싶었어요. 외교관이 되고 싶었죠. 법대에 왔는데 정의 어쩌고 하는 게 제게 안 맞았고 생산적인 일을 하기로 결정한 거예요.

생각해보니까 초등학교 선생님 중 한 분이 사람은 창의적이어야 한다고 강조하셨어요. 그땐 그게 무슨 뜻인지 몰랐죠. 그렇지만 그게 뭘까 고민하면서 창의적으로 되려고 노력했어요. 그림 하나를 그려도 독특하게 그리려고 했죠. 창의적인 것이 인간에게 중요한 의미가 있다고 강조하셨던 선생님 덕분에 창의의 가치를 알게 되었고 그렇게 되려고 노력했던 것이 인생의 중요한 계기가 된 것 같아요.

편 중, 고등학교 때 어떤 사람을 존경했다거나 감명 깊게 읽은 책이 있나요?

유 어렸을 때 읽은 책 중에 제임스 클라벨^{James Clavell}의 『23분 간의 기적』이 있어요. 알퐁스 도데^{Alphonse Daudet}의 『마지막 수업』의 이야기를 다른 관점에서 쓴 거예요. 프랑스 애들이 독일 선생님에게 23분 동안 세뇌당하는 과정을 그렸어요.

아이들은 늑대같이 무서운 괴물 선생님이 올 줄 알았어요. 그런데 예쁜 여자 선생님이 들어오는 거예요. 선생님은 애들 이름을 다 알아요. 한 명씩 호명하면서 다정하게 대하죠. 그런 데 소중한 프랑스 국기를 하나씩 나눠 갖자고 이야기해놓고는 국기를 찢어 버려요. 그리고 부모님이 나라에 대해서 이야기 한걸 들려달라고 하죠. 독일에 대해서 비난한 사람들을 색출 해 내요. "국기가 잘린 국기봉은 어떻게 할까? 필요 없겠지?" 라고 이야기하면서 프랑스 국기가 달렸던 봉을 창밖으로 던져 버려요.

저는 이 책을 읽고 교육, 세뇌, 가치관이 얼마나 중요한지 느꼈어요. 똑같은 이야기를 긍정 또는 부정의 두 가지 관점에서 이야기할 수 있다는 걸 알았어요. 똑같은 것을 어떤 사안에 대해서 긍정적으로 볼 건지 부정적으로 볼 건지 입장을 정하고 그것을 위해서 싸우는 게 중요하다는 생각을 하게 되었죠.

🔲 법대를 졸업하셨는데 왜 법조계 직업을 갖지 않으신 거죠?
🔵 법대 4학년 때 법과 정의가 다르다는 것을 느꼈다고 말씀 드렸잖아요. 악법도 법이냐고 물어보면 다들 답을 못해요. 4학년이 되었을 때 법이 정의를 담고 있지 않다는 걸 깨달았어요. 1학년 때 실정법을 배워요. 헌법, 민법, 형법부터 배우죠. 3학년이 되면 소송법을 배워요. 형사소송법, 민사소송법. 4학년 때 법철학을 배우면서 법에 대한 원론을 배워요. 지금의 법은 옛날에 왕이 만들었든가, 돈이 많은 시민이 만든 시민법이에요. 민주주의 법이 아니고요. 돈 가진 사람들의 로비에 의해서 만들어진 게 법이더라고요. 힘과 돈이 없는 사람을 착취할 수밖에 없어요.

지금의 국회의원들이 과연 서민을 대변하나요? 저는 아니라고 생각해요. 그런데 옛날에는 더 아니었겠죠. 법과 정의는 달라요. 소크라테스는 '악법도 법이다.'라면서 죽었어요. 그런데 악법은 법이 아니라고 말하는 사람들은 엄청나게 많이 죽었죠. 제가 소크라테스를 언급하는 이유는 위정자들이 그를 잘 활용하기 때문이에요. 내 법이 어떻다 해도 일단 지키라는 거죠.

저는 법과 정의가 다른데 거기에 매달리고 싶지 않았어요. 판사가 법을 어기면서 자유롭게 판결할 수 있나요? 그럴 수 없어요. 차라리 테두리에서 벗어나 생산적인 일을 하자고 정했죠.

편 법대를 졸업하자마자 진로를 바꾸신 거네요.

유 우선 취직을 해야겠다고 생각했어요. 대성그룹에 입사했고 야간 전문대학을 다니면서 인터넷을 배웠어요. 프로그래밍, 디자인, DB 구축을 배웠죠. 그룹 내에서 벤처기업에 투자하는 일을 했어요. 그게 시작이었죠.

대우와 수자원공사, 대성그룹에 들어갈 기회가 왔어요. 저는 원래 유니세프에 들어가고 싶었어요. 그런데 은사님의 소개로 대성그룹에 입사했죠. 그룹에서 벤처캐피털을 인수하게 되었는데 그 일을 담당하게 되었어요. 모든 투자제안은 제가 검토할 기회를 갖게 되었어요.

편 회사 생활은 즐거우셨나요?

유 보통 회사의 직원들은 회장님을 아주 어렵게 생각해요. 저는 그렇지 않았어요. 하고 싶은 이야기는 다 했어요. 아니라고 생각하는 게 있으면 그 이유도 정확히 이야기했고 긍정적이면 어떤 부분이 긍정적인 건지, 회장님이 이런 선택을 하면 감수해야 할 위험이 뭔지 정확하게 이야기했어요.

그런 저를 회장님은 많이 존중해 주셨고 지금의 벤처캐피털리스트가 되는 데 큰 은혜를 베푸셨습니다. 인생을 살면서 누군가에게 값없이 은혜를 받는 경우가 있어요. 저희 회장님께 많은 은혜를 입었고 그것을 언젠가는 또 다른 사람들에게 베풀고 싶어요.

편 그룹에서 왜 나오셨어요?

유 저는 크리에이티브한 벤처기업을 키우고 싶은데 대기업 소속의 벤처캐피털은 안정적인 투자를 원했죠. 대부분 대기업 하청 일을 하는 벤처기업에 투자하려고 했어요. 위험을 감수하려고 하지 않았어요.

초기기업을 잘 만들고 지원하고, 멘토링하면 된다고 생각해요. 운영상의 리스크를 많이 관리할 수 있고 위험이 상대적으로 높지 않다고 생각했어요.

제가 이야기하는 벤처캐피털의 형태나 방향은 보통의 벤처캐피털보다 훨씬 진보적이에요. 보통 사람들은 잘해서 돈 많이 버는 게 중요하죠. 저는 좀 더 진보적이고 미래지향적인 이야기를 하고 싶어요. 제가 청소년들을 위해 이 직업을 프러포즈하는 이유예요. 벤처캐피털에 미래를 위한 창의성, 진보성이 없다면 사채와 같은 제2금융권과 똑같다고 생각해요. 은행에서 대출받지 못하는 기업에 단순히 높은 이자를 요구하며 투자하는 금융기관인 거죠.

편 이 일을 포기하고 싶었던 순간과 제일 보람을 느꼈던 순간은 언제였어요?

유 제가 투자했던 게 잘 안 되면 힘들어요. 신념에 찬 투자를 했는데 그 결과가 안 좋을 때는 어렵고 괴롭죠. 그래서 다시 처음으로 돌아가요. 후회는 안 해요. 반성만 하죠. 후회는 백해무익해요. 이 글을 읽는 여러분은 후회하지 않았으면 좋겠어요. 만약 자신의 잘못을 알았다면 깊이 반성하고 앞으로 잘 살면 돼요. 후회하고 뒤를 돌아볼 필요가 없어요. 그건 자아를 깎아 먹는 행동이에요.

🔳 투자한 기업이 배신한 경우도 있나요?

🔳 그 사람에게 아무것도 없더라도 우리는 미래가치에 투자해요. 그 사람을 믿고 그의 미래를 신뢰해서 파트너로 정하고 같이 무언가를 만들려고 하죠. 그런데 이런 경우가 있어요. 일이 잘 되면 자기 때문에 잘된 거고, 잘못되면 우리가 안 도와줘서 잘못된 거래요. 그렇게 평가를 하더라고요.

저는 개인적으로 최고의 멘토가 되기를 원해요. 기업 입장에서는 아무것도 묻지 말고 돈을 많이 투자해 주기를 바라죠. 그런 관점에서 본다면 저는 최고의 투자자가 아닐 수도 있어요. 하지만 안목을 가진 최고의 멘토는 될 수 있죠.

제가 아이디어를 줘서 사업을 시작한 친구가 있었어요. 제가 멘토링을 계속했는데 1부터 10까지 가르쳐줬다면 앞부분만 듣고 창업을 하더라고요. 그다음부터는 저를 멘토로 생각하지 않았어요. 저는 사람이 제일 중요하다고 생각하는데 창업파트너들도 몰아내더라고요. 3년 동안 동고동락했던 사람을 몰아내고 지분도 뺐었어요. 그렇게 하면 잘될 수가 없다고 생각해요. 일시적으로 투자를 받을 수는 있으나 중장기적으로 아이템에 대한 애착, 비전이 얼마나 있을까요? 근시안이 되어가죠.

벤처캐피털은 단순히 돈을 많이 벌고 빠지는 게 아니라 지속할 수 있는 가치를 창출하는 기업을 세워서 고용을 창출하고 사회에 기여할 수 있어야 해요. 순간적인 이해관계로 판단하면 기업의 뒤끝이 안 좋아요.

📕 보람되는 순간은 이것과 반대되는 내용이겠죠?

📙 제가 생각한 비즈니스 모델, 제가 준 아이디어가 쑥쑥 크는 걸 보면 정말 기분이 좋아요. 제가 사업한 것처럼 기뻐요. 대리만족하는 거죠. 기업에서 고맙다고 인사해요. 제가 준 도움이 200억 원의 가치가 있다고 이야기해주면 너무 기쁘죠. 그게 그분의 삶의 지혜인 것 같아요. 도와준 사람에게 고맙다고 표현하면서 신뢰를 얻는 친구들이 있고 그것도 못하는 친구들이 있어요. 아무것도 없을 때 투자해서 그 힘으로 쑥쑥 커가는 기업들을 보면 행복해요. 그들이 커가면서 제가 지지했던 비즈니스 모델, 투자한 회사, 제 아이디어가 세상의 변화를 이끌 때 그것만큼 기쁜 일은 없죠.

📕 마지막으로 대표님의 꿈과 비전이 궁금해요.

📙 개인적으로는 좋은 벤처기업들을 기획하고, 양성하는 스

타벤처매니지먼트Star Venture Management회사를 만드는 게 꿈이에요.

좋은 벤처기업이란 세상을 널리 이롭게 하는 곳이에요. 제3세계에 나가서도 일자리를 창출하고, 수익을 창출하면서 그들을 변화시킬 수 있는 그런 회사를 만들고 싶어요. 비즈니스 모델을 많이 만드는 거죠. 팔레스타인, 아프리카, 동남아시아, 중국, 북한 이런 곳들이오. 이런 나라들을 위해 좋은 벤처기업을 프랜차이즈하면 좋겠고 좋은 벤처기업가를 양성하는 게 목표예요. 그들이 벤처기업에 과감히 도전하면 좋겠고, 실패했을 때 제가 벤처캐피털리스트 자리를 줄 수 있으면 좋겠어요.

제가 좋은 벤처기업가를 양성하고 만약 그들이 실패하면 "벤처기업에 실패했으니까 벤처캐피털리스트로 살아가세요." 라고 말하고 싶어요.

벤처기업가와 벤처캐피털리스트 두 포지션을 돌리면서 뜻이 있는 사람에게는 벤처기업을 창업시키고, 능력이 안 되는 사람은 벤처캐피털리스트로 만드는 회사를 만들고 싶어요. 뛰어난 젊은 인재들이 새로운 리스크가 있는 모험을 하되 그 위험을 선배나 인프라가 부담해주면 좋겠어요. 과감한 시도가 계속 이루어질 때 우리들도 사회도 인류도 더욱 선한 방향으로 발전할 거라고 생각합니다.

그게 저의 꿈이에요.

부록:
테마가 있는
직업여행

〈금융〉

보험설계사

손해사정인

보험계리사

재무위험관리자

채권자산운용가

펀드매니저

애널리스트

은행텔러

금융자산관리사

외환딜러

여신전문가

신용분석가

금융 관련 직업은 어떤 것이 있을까요?

2011년 일본 대지진은 21세기의 가장 큰 참사였어요. 수많은 사람들이 목숨을 잃었고, 재산피해를 입었으며, 이후 원전사고로까지 이어지면서 아직도 그 여파가 계속되고 있어요. 지진과 같은 자연재해가 무서운 이유는 사전에 예측이 불가능하기 때문인데요. 쓰나미가 발생했다는 것을 알고 대피 조치가 취해지기 전에 이미 해일은 사람들을 덮쳐버립니다.

여기서 궁금증 하나! 이처럼 끔찍한 지진과 주가 중 어떤 것이 더 예측하기 어려울까요? 정답은 당연히 주가입니다. 왜냐고요? 주가는 자연재해, 정치상황, 기업의 실적, 사람들의 심리 등 모든 것의 영향을 받아 결정되기 때문이에요. 실제로 일본 대지진이 발생한 다음날 전 세계의 주가가 일제히 폭락했어요. 몇 분 후에 지진이 발생하는 것도 알기 어려운데, 그 지진의 영향으로 주식 가격이 떨어지리란 걸 알 수 있었던 사람이 누가 있었겠어요? 사정은 경제학자들도 마찬가지랍니다. 재테크에 성공한 경제학자는 존 메이너드 케인스^{John Maynard Keynes}가 거의 유일하다고 합니다.

오늘날 세계화가 가속화되면서 현대인들의 삶은 점점 불

안정해지고 있습니다. 치열한 경쟁 속에서 정규직으로 취업하기도 힘들 뿐만 아니라 자신의 직장이 하루아침에 문을 닫는 경우도 허다합니다. 그래서 사람들은 각종 보험과 금융상품투자로 자산을 형성하고, 삶의 안정성을 높이기 위해 노력하고 있어요. 하지만 위에서도 언급했듯 경제나 금융 분야는 급변하는 세계보다 더 빠른 속도로 변화하고 예측하기가 힘듭니다.

이러한 상황 속에서 악전고투하는 사람들이 바로 금융계 종사자들입니다. 땀 흘려 모아 마련한 소득과 자산을 지켜주기 위해 각종 첨단기법이 동원돼요. 그 와중에 재미있는 이론이 개발되기도 합니다.

'칵테일 파티 이론'이라는 것을 소개해볼게요. 이 이론은 주가가 사람들의 심리에 크게 좌우된다는 것에 착안해서 피터 린치Peter Lynch가 만들어낸 가설인데요. 그는 '월가의 영웅', '투자 달인' 등으로 불렸던 펀드매니저입니다. 그는 언제 주식을 사고팔아야 하는지를 가늠하기 위해 칵테일 파티를 이용했다고 합니다. 칵테일 파티에 온 사람들이 그에게 다가와 직업을 물은 뒤 펀드매니저라고 대답하면 시큰둥한 반응을 보이는 시기가 있는데, 이때에는 대다수의 사람들이 주식투자에 관심이 없는 때이기 때문에 주가가 떨어질 만큼 떨어진 상황으로 판단합니다. 펀드매니저인 자신과 대화하기보다는 치과의사와 함께 치아건강에 관한 이야기를 하거나 영화배우 등과 대화를 나누고 싶어 하는 이때가 바로 주식을 사야하는 때라고 합니다.

반대로 어떤 시기에는 그가 펀드매니저라고 말하는 순간 사람들이 자신을 둘러싸고 온갖 질문을 퍼부을 때도 있다고 합니다. 자신이 무슨 주식을 샀는데 전망이 어떠냐는 식의 질문이 쇄도하고, 파티에 참석한 모든 이들은 이미 주식에 돈을 투자하고 있으며, 주식시장에서 벌어진 일들에 대해 이야기하는 상황이죠. 이런 시기에 그는 주식의 인기가 절정이며 이제 가격이 하락할 일만 남았다고 판단을 하고 매도를 결심했다고 합니다.

피터 린치는 생활 속의 발견으로 매수 종목을 발굴하기로도 유명했습니다. 그에게는 딸이 3명 있었는데, 딸들과 같이 쇼핑을 가는 것 또한 업무의 연장으로 생각하고 어린이들 사이에서 어떤 회사의 제품이 유행하는지를 파악해서 대박 종목을 예측하기도 했다고 해요. 실제로 그의 딸이 매일 가자고 조르던 도넛 가게가 바로 던킨도너츠였는데요. 그는 이 종목을 대량 매수해서 큰 수익률을 낼 수 있었습니다.

지진보다 예측하기 어렵고 사람들의 심리까지도 알아내야

하기에 더욱 더 경쟁이 치열한 금융업계이지만 한발 빠르게 세상의 흐름을 파악한다면 그 분야가 보험이든 증권이든 누구보다 뛰어난 금융인이 될 수 있지 않을까요?

보험설계사

　바늘구멍이라는 취업의 관문을 통과한 직장인 새내기들. 하지만 기쁨도 잠시, 고민은 또다시 시작됩니다. 평균수명은 점점 길어진다는데 회사 선배들을 보니 40대에 명예퇴직을 하기도 하고 암에 걸려서 직장을 그만두기도 합니다. 보험을 가입해서 미래를 준비해야겠다는 생각이 절로 들어요. 보험은 한 살이라도 젊을 때 가입하는 것이 보험료도 저렴하고 보장도 오래 받을 수 있다니까요. 그런데 뭐가 이렇게 복잡한지! 갱신 · 미갱신부터 시작해서 갖가지 특약에, 진단금은 또 뭔가요? 입원비만 보장하느니 간병비도 보장하느니, 며칠 동안 머리를 쥐어짜며 인터넷을 뒤져봐도 무슨 말인지 파악하기조차 힘든 경우가 태반입니다. 결국은 보험회사에 다니는 어머니 친구가 권하는 보험에 들게 되기도 하지요.

　하지만 이것은 잘못된 투자의 시작! 자신의 소득에 비해 과도한 보험에 가입해서 중도에 해약하는 바람에 큰 손해를 보기도 하고, 정작 병에 걸렸을 때 별다른 혜택을 받지 못하는 경우도 생깁니다. 개인마다 소득이 다르고, 건강 상태나 직업의 안정성, 업무 스트레스의 강도, 부양해야 할 가족의 수 등

상황은 제각각이거든요. 그러니 복잡한 금융공학의 결정체인 보험에 가입할 때는 1대1 밀착 상담을 토대로 자신의 상황에 적합한 상품을 선택해야 합니다. 자신에게 꼭 맞는 보험에 가입해서 좀 더 안정적인 삶을 유지할 수 있도록 우리를 도와주는 직업, 보험설계사의 역할은 그래서 중요합니다.

어떤 일을 하나요?

보험설계사는 보험가입 대상자를 방문하여 보험가입을 권유하고, 가입하고자 하는 고객이 생기면 계약서를 작성하여 영업점에 등록시키는 일을 한다고 알려졌습니다. 이처럼 기존에는 보험가입자를 모집하는 것이 보험설계사의 주된 일이었다고 해요.

그러나 이제는 재무상담이나 생활설계, 대출상담으로까지 그 영역이 확대되고 있어요. 실제로 보험설계사가 하는 일은 매우 다양해요. 고객이 재산을 늘릴 수 있도록 효율적 투자상품을 보험상품과 연결해주기도 하고, 고객의 인생주기에 따라 필요한 목돈을 어떻게 마련할 것인지에 대한 정보도 제공해요. 또한 노후보장을 위해서는 자금이 얼마나 필요한지, 주택

마련을 위한 대출을 어떻게 해야 하는지 등 다양한 업무를 맡고 있어요. 따라서 금융 전반에 관하여 폭넓은 지식을 갖추어야 합니다.

어떻게 준비하나요?

보험설계사가 되려면 먼저 생명보험협회와 손해보험협회가 매달 1회 실시하는 보험설계사 자격시험에 합격해야 해요. 생명보험·손해보험·제3보험의 구분에 따라 각각 금융위원회가 정하는 연수과정을 이수해야 합니다. 보험회사에서는 자신의 회사소속보험설계사를 금융감독위원회에 등록하여 관리합니다.

보험설계사가 되는데 학력, 성별, 나이 등에 특별히 제한은 없어요. 다만 최근 들어 보험설계사의 전문성이 강조되면서 외국계 보험회사의 경우 나이 및 학력조건을 제한하기도 합니다.

이 직업의 현재와 미래는?

보험설계사의 경우 생명보험과 손해보험 분야로 나뉘어 활동하고 있는데요. 생명보험 분야에서 활동하는 사람이 훨씬 많습니다. 금융감독원 자료에 의하면 최근 전체 보험설계사 수는 지속적으로 감소하는 추세라고 하는데요. 손해보험업 보험설계사는 2003년부터 지속적으로 증가하고 있으며 앞으로도 지금 수준을 지속적으로 유지할 것으로 보인다고 합니다.

반면, 보험설계사가 많이 근무하고 있는 생명보험 분야 조사결과에 따르면, 우리나라의 생명보험 가입률은 90%에 가까워 이미 생명보험시장은 포화상태에 가깝다고 합니다. 이러한 상황으로 미루어볼 때, 향후 보험설계사의 고용은 다소 감소할 것으로 전망되고 있어요. 한편, 보험설계사로 등록한 후 1년 넘게 영업활동을 한 설계사의 비율은 30~40% 정도로 이·전직에 의한 일자리 기회는 많을 것으로 보입니다.

+ + + + + + + + + 한 　 걸 　 음 　 더 + + + + + + + + +

보험설계사는 보험회사에 고용되어 일하면서 고객에게 보험의 의미나 필요성에 대해 쉽게 설명해 알려주는 역할을 주로 담당합니다. 또한 노후설계의 중요성, 갑작스럽게 다가올 수 있는 위험에 대한 대비 정보를 전달하여 고객의 상황에 맞는 보험 서비스를 담당하고 있어요. 사람과 만나서 이야기하는 데 무리가 없도록 적극적이고 사교적인 성격을 지닌 사람이 잘할 수 있는 일입니다.

손해사정인

2012년 여름. 볼라벤, 덴바, 산바 등 갖가지 이름의 태풍이 우리나라를 강타했습니다. 인명피해가 발생했고 손해액도 엄청났어요. 복구작업에 수많은 경찰과 군인이 동원된 것은 물론 막대한 비용이 들었습니다. 이는 비단 2012년에 국한된 얘기가 아닙니다. 우리나라는 지리적 요인으로 인해 해마다 태풍과 홍수로 인한 피해가 반복되고 있어요. 정부는 이에 대비해서 풍수해보험이란 것을 만들었습니다.

이것은 소방방재청이 관장하고 민영보험사가 운영하는 보험으로 태풍, 호우와 같은 재난으로 인한 피해가 발생할 경우 국가가 보조해 보험금을 신속히 지급해주는 제도로, 2008년부터 전국적으로 실시하고 있습니다. 실제로 2012년에 태풍피해가 발생했을 때 미리 풍수해보험에 가입해두었던 사람들은 큰 도움을 받았다고 합니다. 그런데 그 과정이 쉽지만은 않았다고 해요.

당장 살 집과 식량 등이 모두 침수되어서 기본적인 삶의 터전이 사라진 수재민들에게는 무엇보다도 보험금 지급이 빠르게 이루어지는 것이 중요합니다. 하지만 보험금을 지급하려해도 수재민의 손해가 얼마인지 구체적 금액으로 산출하는 것이 어려웠기 때문이에요.

간단한 교통사고만 나도 보험금을 책정하는 과정이 꽤 길고 까다로운 것을 생각하면 당연한 일이겠죠? 풍수해보험이 새로 생긴 것처럼 임플란트보험, 치매보험, 휴대전화기보험, 여행보험 등 갖가지 손해에 대비한 보험의 종류는 급격히 늘어나는데 손해금액을 빠르고 정확하게 결정해주는 사람이 없다면 보험은 그야말로 무용지물일 겁니다.

어떤 일을 하나요?

사정(査定)이란 어떤 일을 조사하거나 심사하여 결정하는 것을 말합니다. 손해사정사는 사고로 생긴 손해에 대해 그 피해액을 결정해서 보험금 지급을 담당하고 해결해 주는 사람입니다. 먼저 보험사고가 생겼을 때 손해가 얼마나 발생했는지 확인합니다. 그다음 보험 약관과 관련된 법을 어떻게 적용할 것인지 판단합니다.

손해사정사는 업무영역에 따라 제1종 손해사정사, 제2종 손해사정사, 제3종 대인손해사정사, 제3종 대물손해사정사,

제4종 손해사정사로 나뉩니다.

　제1종 손해사정사는 화재보험, 기술보험, 근로자재해보상보험에 관련된 일을, 제2종 손해사정사는 해상보험, 항공보험, 운송보험에 관련된 일을, 제3종 대인손해사정사는 자동차사고로 인한 사람의 신체와 관련된 일을, 제3종 대물손해사정사는 자동차사고로 인한 차량 및 기타 재산상의 손해에 관련된 일을, 제4종 손해사정사는 상해보험, 질병보험, 간병보험에 관련된 일을 담당하고 있습니다.

어떻게 준비하나요?

　손해사정인이 되기 위해서는 우선 금융감독원에서 주관하는 손해사정사시험에 합격하고 금융감독원, 보험회사, 보험협회, 손해사정업법인 등에서 6개월 동안 실무수습을 받아야 합니다. 이후 금융감독원에 등록해야 합니다. 시험 응시에 자격제한은 없지만 대학에서 금융보험학, 경영학, 법학 등을 전공하면 많은 도움이 됩니다. 일반적으로 보험회사는 직원을 공개적으로 채용하고 있지만 손해사정사 자격증이 있는 사람에게는 가산점을 부여하기 때문에 취업 시 유리하다고 합니다.

보험회사나 손해사정법인에서 경력을 쌓은 후 자격증을 취득하여 손해사정사 보조인이 되기도 합니다.

일반 손해사정사 자격증을 취득하게 되면 자동차보험, 화재보험, 생명보험, 해상보험 등 각종 보험회사나 손해사정법인에 취업할 수 있고, 개인사무소를 운영할 수도 있어요.

한편, 국제화시대 흐름에 따라 외국보험회사가 국내에 진출하거나 반대로 국내보험회사가 해외로 진출하는 경우가 늘어나고 있습니다. 따라서 기본적인 영어회화나 제2외국어 능력을 갖추면 취업, 승진, 해외 파견근무의 기회가 있을 때 더 유리할 수 있다는 사실도 기억하세요.

이 직업의 현재와 미래는?

금융감독원에 따르면 최근 10여 년간 보험회사 내 손해사정사 자격자는 계속해서 증가해 왔습니다. 또한 손해사정인 등록현황을 살펴보면, 제1종 손해사정인은 2006년 이후 신규자격소지자가 크게 늘어났다고 해요. 제2종 손해사정인은 예전부터 선발 인원이 많지 않았으며, 제3종 손해사정인은 종사자 수가 점차 증가하고 있지만 큰 변화는 없을 것으로 보입니다.

반면 2005년부터 배출된 제4종 손해사정인의 경우는 상해, 질병, 간병보험의 판매가 꾸준히 늘어감에 따라 앞으로도 수요가 계속 늘어날 것으로 예상되고 있습니다. 앞으로 5년간 손해사정사의 고용은 증가할 것으로 보이지만, 자격 종별로 그 증가율은 각기 다를 것으로 전망되고 있어요.

+ + + + + + + + + 한　　걸　음　　더　+ + + + + + + + +

손해사정인은 대부분 피보험자(보험에 가입한 사람)나 피해자를 만나서 사고를 조사하고 합의하는 일을 담당하기 때문에 내성적이거나 소극적인 성격의 사람은 이 일을 하기에 어려움이 있습니다. 원만한 인간관계를 가지고 다른 사람을 잘 설득할 수 있는 설득력을 갖춘 사람에게 적합한 직업입니다. 또한 보험사고는 보험회사와 피보험자, 피해자의 금전적인 이해관계가 대립하는 업무이기 때문에 다른 사람을 설득할 수 있는 능력이 필수입니다.

보험계리사

여러분의 가격은 얼마인가요? 사람에게 가격을 매기다니 이상한 질문이죠? 하지만 사람의 가치도 반드시 금액으로 평가해야 할 경우가 있어요. 보험이 대표적입니다. 한 사람이 보험에 가입한 후 사고를 당해서 노동력을 상실했을 때 얼마의 보험금을 지급해야 하냐를 결정할 때는 냉정한 계산과정을 거치게 됩니다. 평범한 회사원과 최고의 축구 스타 크리스티아누 호날두Cristiano Ronaldo의 보험금이 같을 수는 없거든요. 실제로 200억 원이 훌쩍 넘는 연봉을 받는 호날두의 경우, 다리를 다치면 약 1800억 원의 보험금을 받게 되는 보험에 가입해서 화제가 되기도 했습니다.

그렇다면 보험에 가입한 사람이 매달 내야 하는 보험료나 사고가 발생했을 경우 보험회사로부터 받게 되는 보험금은 어떻게 결정되는 걸까요? "그때그때 달라요~"라고 말할 수밖에 없습니다. 변수가 아주 많거든요. 50대의 중년 남성이 암에 걸릴 확률과 20대의 젊은 청년이 암에 걸릴 확률이 다르니 두 사람의 경우 암보험의 보험료는 당연히 다르게 책정될 거예요. 또 사고를 당하기 쉬운 위험한 직업에 종사하는 사람은 안전한 직장을 가진 사람보다 더 높은 보험료를 내야 할 겁니다. 이외에도 수많은 변수를 고려해 보험금을 결정하게 됩니다. 복잡하죠?

보험 상품을 만드는 과정은 또 어떨까요? 사람들은 대부분 안정적인 생활을 좋아해요. 월급이 많지 않아도 고용이 보장되는 공무원이 인기 직종인 이유도 사람들이 위험을 싫어하기 때문이죠. 자연히 사람들은 미래의 불확실성을 없애고 싶어 하고 그 결과로 보험이 생긴 거예요. 따라서 보험상품은 확실하지 않은 미래의 위험확률을 예측하여 갖가지 통계기법을 거친 후에야 완성됩니다. 중, 고등학교 과정의 간단한 확률, 통계만 해도 머리가 아팠는데 이런 복잡한 계산들은 다 누가 하는 걸까요?

어떤 일을 하나요?

사람들은 대개 어려울 때를 대비해 보험에 가입합니다. 그럼 보험회사의 입장은 어떨까요? 고객들에게 매달 조금씩 보험금을 받지만 고객에게 사고가 생기면 한 번씩 큰돈이 나가게 되니 오히려 손해를 보지나 않을까요? 그래서 보험회사는 회사가 일정액의 수익을 낼 수 있도록 적당한 보험액을 책정하면서도 고객에게는 매력적인 보험상품을 개발하는 것이 가장 중요합니다.

보험계리사는 보험료를 '계'산하여 정'리'하는 역할을 한다고 해서 붙여진 이름입니다. 이들은 보험 및 연금 분야에서 확률이론이나 수학적인 방법을 적용하여 리스크를 평가하고 분석합니다. 이를테면 일반적인 교통사고 확률을 생각할 때 적정보험료는 어느 정도가 되어야 하는지, 사고 시에 보험금을 지급하려면 보험회사가 어느 정도를 준비해야 하는지 등의 수리적인 업무를 맡고 있습니다.

이처럼 보험계리사들의 꼼꼼한 계산과 분석과정을 거쳐 보험상품이 개발되는 것입니다. 시대 변화에 따라 어떤 보험상품이 필요하고, 보험료가 어느 수준에서 책정되어야 하는지를 파악하며 금리 변동률과 영업비용, 회사이익 등을 고려하여 보험상품을 만들게 됩니다. 새로운 상품이 개발되면 보험설계사를 위해 판매지원자료를 작성하고, 상품이 출시된 후에는 보험상품이 제대로 운용되고 있는지 직접 관리합니다. 또 보험회사가 보험금을 지급하기 위한 준비금을 계산하는 일을 할 때는 각종 통계기법을 이용하여 분석합니다.

어떻게 준비하나요?

　보험계리사가 되는 길은 크게 두 가지입니다. 보험회사에 일반사원으로 입사해 상품개발실 등에 배치되어 보험계리사의 업무를 수행하는 경우가 있고, 보험계리사 자격증을 따서 보험계리사의 일을 시작하는 경우가 있어요. 아무래도 보험계리사 자격증을 취득하면 별도로 자격수당을 받을 수 있고, 연봉을 받거나 승진할 때 더 유리합니다. 대학에서 수학, 통계학, 경제학 등 관련 분야를 전공하고 보험계리사 자격증을 따는 것이 취업에 유리해요.

　보험계리사 자격시험은 금융감독원으로부터 위탁 받아 보험개발원에서 실시해요. 시험에 응시하는데 학력이나 경력제한은 없으며 1, 2차에 걸쳐 시험을 치러야 합니다. 시험내용은 보험이론과 실무, 회계학, 보험수리, 보험계약법 및 보험업법 등으로 그 수준이 상당히 높고, 문제의 난이도도 높기 때문에 전문지식이 있어야 해요. 특히 2차 시험의 경우 보험실무 경력이 있어야 풀 수 있는 문제가 많기 때문에 가능한 실무경험을 많이 쌓아 두면 자격증을 취득하는 데 유리합니다.

2차 시험까지 합격하고 나면 금융감독위원회가 지정하는 보험회사, 금융감독원, 보험개발원, 생명보험협회, 손해보험협회 등의 기관에서 6개월 이상의 수습기간을 거쳐야 합니다. 단, 보험감독원, 보험사업자, 보험협회, 보험요율산출기관 등에서 5년 이상 보험수리 업무에 종사한 경력이 있는 사람은 1차 시험이 면제된다고 합니다.

이 직업의 현재와 미래는?

개인의 자산관리와 노후대비에 대한 사람들의 관심이 높아지고 있습니다. 인구의 고령화는 심해지고 있는데 반해 반복되는 경제위기 등으로 인생의 불확실성이 커졌기 때문입니다. 이에 따라 금융 및 보험업이 성장하고 있습니다. 따라서 다양한 보험상품의 개발을 담당하고 보험료 책정 등에 전문적 지식과 능력을 갖춘 보험계리사의 역할은 더욱 커질 것입니다.

특히 우리나라에 퇴직연금제도가 도입된 지 3년이 넘었으므로 연금 분야에서 보험계리사가 더욱 많이 필요할 것으로 보입니다. 또한 보험가격 자유화가 진행되고 있으므로 보험계리사의 역할은 더욱 커지리라고 예상됩니다. 다만, 유망직종인

만큼 매년 경제학, 경영학, 회계학 등을 전공한 사람들이 많이 도전하게 될 것이므로 경쟁도 치열할 것입니다.

+ + + + + + + + + 한 걸 음 더 + + + + + + + + +

학교에서 수학시간에 경우의 수, 확률이나 통계를 배울 때는 이런 걸 왜 배우나 싶을 때도 있겠지만 수학적 기법이 실제 직업 생활에 요긴하게 쓰이기도 합니다. 금융 분야의 직업을 꿈꾼다면 수학 공부, 열심히 해야겠죠? 또 보험상품 개발을 위해서는 국내외 경제 흐름을 읽고 판단할 수 있는 분석력과 판단력이 요구되니 지금부터라도 경제신문을 읽는 습관을 가지세요.

재무위험관리자

흑자파산. 앞뒤가 안 맞는 말 같죠? 기업이 비용보다 수익이 많은 상태 즉 흑자를 이루고 있는데 어떻게 파산을 한다는 거야? 의문이 들 거예요. 하지만 현실에서는 드물지 않게 일어나는 일입니다. 기업들은 흑자를 내면서도 파산을 해요. 왜냐고요?

스탠퍼드 경영대학원의 빌 레지어Bill Lazier 교수에 따르면 '기업은 수익 부족으로 죽는 것이 아니라 현금 부족으로 죽기 때문'이라고 합니다. 기업은 평소 현금 대신 '어음(기한을 정해 약속된 금액을 지불하겠다는 약속 증서)'이라는 지급 수단을 많이 이용합니다.

우수한 기술력을 보유하고 있어서 제품개발만 하면 막대한 수익을 낼 수 있는 기업들은 일단 어음을 지불하고 원재료를 구입해 제품개발에 들어갑니다. 그런데 예상치 못한 사건 발생으로 신제품 출시가 늦춰졌다고 생각해보세요. 제품판매로 인한 현금 확보는 늦춰진 반면에 어음지급기일은 닥쳐옵니다. 불과 일주일 뒤면 혁신적인 신제품이 출시되어 엄청난 수익을 벌어들일 것이 뻔한데도 어음을 제때에 막지 못하면 부도가 나고 말아요.

실제로 1990년대 말 우리나라에 외환위기가 닥쳤을 때 수많은 우량 기업들이 어음만료일 내에 현금을 마련하지 못해서 부도가 나고 경영권을 빼앗긴 예가 있습니다.

경영전략 분야에서 많은 베스트셀러를 쓴 짐 콜린스^{Jim} _{Collins}에 따르면 작은 기업의 경우 현금 확보에 심혈을 기울이는 반면 기업의 규모가 커질수록 기업의 잠재력과 신용만을 믿고 무절제한 투자를 하는 경우가 많다고 합니다. 그래서 위대한 기업들이 흑자를 내면서도 파산을 하는 경우가 많다고 해요. 이런 일들이 없게 하려면 어떻게 해야 할까요?

그렇습니다. 미리 여러 가지 변수를 생각해서 최악의 상황을 가정한 다음 그 경우에도 기업의 현금이 부족하지 않도록 미리 관리하는 활동이 필요해요. 이런 것이 바로 '재무위험관리'입니다. 이와 같이 재무위험을 관리하는 사람은 기업의 생사의 키를 쥐고 있는 사람이라고도 볼 수 있겠지요?

어떤 일을 하나요?

　재무위험관리자는 금융기관이나 기업의 각종 금융위험을 예측하고, 위험도를 측정하여 이런 위험이 발생되지 않도록 적절하게 대책과 방법을 찾는 일을 합니다. 각 회사의 위험을 체계적으로 통합하여 관리합니다.

　금융시장에서 말하는 위험은 금리, 환율, 주가, 옵션, 선물시장이 변동하여 발생되는 리스크를 의미해요. 또한 채권시장에서의 이자율이 변동하는 것도 이에 해당하지요. 이러한 위험을 사전에 철저히 검토하고 통계적, 수학적 수치로 위험을 측정합니다. 앞으로 닥칠 수도 있는 위험을 사전에 대비해 그 대책을 찾아 두는 것이죠. 이러한 정보를 자산을 운용하는 딜러에게 미리 알려 손실을 최소화 할 수 있도록 해줍니다.

　금융상품은 수익을 발생시키는 것을 목적으로 만들어지는데요. 이때 수익만큼이나 중요한 것이 위험을 사전에 관리하는 것입니다. 이와 같은 위험을 관리하는 사람을 재무위험관리자라고 한답니다. 금융회사에서는 리서치센터(팀), 기획부서리스크관리자, 파생상품팀, 채권금융팀에서 리스크전담관리자로 일하는 경우가 많습니다.

금융위험을 분석하고 통제하는 업무를 하는 재무위험관리자는 언뜻 보기에는 회사를 위해서 일을 하고 있지만 궁극적으로는 일반 고객들에게 돌아갈 손실을 예방하고 합리적인 수익창출을 위해 일하는 전문가입니다. 과도한 수익을 내기 위해 욕심을 내 무조건 투자하는 것을 방지합니다. 또한 고객의 돈을 보호하며 회사의 입장에서 어쩌면 있을 수도 있는 회사의 파산, 대규모 손실 등을 최소화하는 통제자, 감시자의 역할을 하고 있습니다.

어떻게 준비하나요?

재무위험관리자의 경우 업무를 수행해야 하는 난이도가 높습니다. 따라서 금융회사에서 근무한 위험 관리 경력을 가지고 있거나 석사 이상의 학력을 가진 사람을 우선 채용하기도 해요. 또 현재 근무하는 인력 중 관련 부서 경력, 회사 교육 평가, 자기개발 정도 등을 고려하여 해당 업무에 적합한 인재를 선발하기도 합니다.

대학에서 경영, 경제, 회계, 통계, 금융 등의 관련학과를 전공하면 업무에 많은 도움이 됩니다. 최근 이공계 출신 위험관리자가 선호되기도 하는데요. 그 이유는 리스크관리가 기초자료를 바탕으로 수학적 개념이 필요한 업무이기 때문이에요. 금융상품을 개발하고 그 위험에 대한 수치를 이해하기 위해서는 수학적 기초지식이 많이 필요합니다. 미국의 경우, 미국항공우주국 NASA에서 근무하던 공학자들이 금융 중심지인 월스트리트로 이동하여 각종 금융공학을 이용해 금융상품을 개발하는 경우도 많이 있습니다.

이 직업의 현재와 미래는?

IMF 금융위기, 주택을 담보로 하여 돈을 '빌리는 모기지 Mortgage 금융위기 이후 우리나라 금융시장 전반에 대한 위험관리의 중요성이 커지기 시작했어요. 또한 금융산업이 발전하고 고도화되면서 금융리스크관리에 대해 관심이 집중되고 있습니다. 따라서 금융환경 변화에 대한 전문적이고 체계적인 위험관리시스템이 필요하다는 인식이 커지고 있고, 이 분야의 전문인력을 키우는 데 많은 투자가 이루어지고 있어요.

전문가들은 자본시장통합법의 시행에 따라 다양한 파생상품, 금융상품의 개발과 판매가 있을 것으로 예상하고 있습니다. 또한 여러 금융규제의 완화는 금융상품 시장을 한 단계 더 성장하게 할 것이라고 전망하고 있어요. 이는 고객들이 과거에 비해 금융상품위험에 더 많이 노출될 것이라는 말이기도 한데요. 이러한 상황에서 수익과 위험을 합리적으로 판단하는 재무위험관리자의 역할은 더욱 중요해질 것으로 보입니다.

+ + + + + + + + + 한   걸 음   더 + + + + + + + + +

전문가들은 미래의 금융환경이 지금보다 더욱 성장하고 발전할 것으로 내다보고 있는데요. 그만큼 위험관리에 대한 관심과 투자도 지속적으로 증가할 것으로 보입니다. 이로 인해 금융시장의 위험관리를 책임지는 재무위험관리자의 중요성이 크게 부각될 것은 당연해요.

재무위험관리자가 되기를 꿈꾼다면 일찍부터 리스크관리 사례 등을 스크랩하거나 금융, 경제 관련 기사를 읽어두는 것이 도움이 됩니다. 또한 관련 전공학과로 진학하여 리스크관리, 금융통계학, 채권·선물·옵션 등을 공부하는 것이 좋습니다.

채권자산운용가

　　금융자산, 어떻게 투자해야 할지를 고민하는 사람들. 주식은 불안하고 은행 예금은 금리가 낮아서 망설여집니다. 이런 경우, 대안으로 채권이 있습니다. 그런데 증권투자를 해본 사람들은 많은데 채권투자를 해본 사람은 드물어요. 그도 그럴 것이 채권은 주로 10억 원 단위로 거래되었기 때문에 기관투자가나 고액자산가만이 접근할 수 있는 분야였기 때문이죠. 하지만 요즘엔 증권사 PB센터나 증권거래소 장내 거래시스템을 통해 수천만 원이나 10만 원 단위로도 채권에 투자할 수 있어 일반투자자들이 늘고 있다고 합니다.

　　그렇다면 채권은 무엇일까요? 돈을 빌리는 쪽이 돈을 빌려주는 사람에게 써주는 증서라고 이해하면 쉬워요. 그 증서에 빌리는 기간과 금액, 이자 지급액이 명시되어 있는 것이죠. 예를 들어 10년 만기에 액면가가 3억이고 연이율이 4%인 채권이 있다고 가정해 볼게요. 기업은 매년 4%의 이자를 지불하면서 3억 원의 돈을 빌려 쓰고, 10년 뒤에 갚겠다는 약속의 표시로 이런 채권을 발행하고 필요한 자금을 조달합니다. 이런 채권을 구입함으로써 돈을 빌려주는 사람이 채권자가 되는 것이죠.

그런데 채권을 살 때 3억 원을 다 주지 않고, 그것보다 낮은 금액(예를 들어 2억 8천만 원)을 줍니다. 매년 이자 수익을 얻으면서 10년 뒤에 3억 원을 다시 받는 거예요. 그럼 이 사람은 10년 동안 이자로 수익을 얻은 데다 2억8천만 원을 빌려주고 3억을 돌려받으니 여러모로 이익이죠. 또 만기가 10년인 채권이라고 해서 꼭 10년간 이 채권을 보유하고 있을 필요는 없어요. 5년 후 급한 돈이 필요하면 또 다른 사람에게 이 채권을 2억9천만 원 정도에 팔면 되니까요.

이런 채권이라는 증서가 활발하게 거래되면 기업은 사업 자금을 융통할 수 있고 개인은 투자수익을 얻을 수 있어서 국가 경제에 큰 도움이 됩니다. 이런 일을 담당하는 채권자산운용가의 역할, 중요하지 않을까요?

어떤 일을 하나요?

채권은 발행 시부터 만기까지 일정한 이자가 지급되는 시중에서 거래가 가능한 유가증권(현금처럼 값의 가치가 있는 종이 채무증서)이에요. 국가나 공공기관, 금융기관 또는 일반 주식회사가 발행하지요.

채권자산운용가(딜러)는 증권사가 보유하고 있는 자금으로 투자자들과 직접 매매를 하는 전문가입니다. 채권자산운용가는 거래소시장Exchange Market에서 또는 장외시장Over-the-Counter Market에서 채권매매를 합니다.

채권자산운용가는 채권의 수익률을 분석, 전망하고 주식매매와 비슷한 방법으로 채권을 사고팝니다. 시장조성채권*에 대하여 매도 · 매수수익률(팔고 살 때 해당하는 수익률)을 제시하는 방법으로 채권시장에서 해당 주가가 일정한 수준에서 유지되도록 조정하는 업무를 합니다.

채권시장은 크게 다수의 매도, 매수주문이 한 곳에 집중되어 상장종목채권이 경쟁매매를 통해 거래가 이루어지는 거래소시장과 주로 증권회사 창구에서 증권회사 상호 간, 증권회사와 고객 간 또는 고객 상호 간에 비상장채권을 포함한 전 종목을 개별적으로 매매하는 장외시장으로 구분됩니다. 주식의 유통시장과는 달리 채권의 경우 장외시장의 비중이 높은 것이 특징이지요.

---

* 시장조성채권: 채권시장에서 특정 채권의 주가가 일정한 수준에서 유지되도록 조작된 채권을 말합니다.

채권자산운용가는 매수호가(살 때 부르는 가격) 및 매도호가(팔 때 부르는 가격) 수익률을 계산하여 거래합니다. 금융공학을 이용하여 스프레드거래*, Repo거래**(환매조건부채권매매), 대차거래*** 등의 투자전략을 세우지요. 따라서 채권의 발행·유통 및 채권과 관련한 신 금융상품에 대한 전문지식이 필요하며 채권매매제도, 실제매매전략, 리스크관리능력 등을 겸비해야 합니다.

---

* 스프레드거래: 하나의 선물(수량, 규격, 품질 등이 표준화되어 있는 상품 또는 금융자산)을 사고 동시에 다른 선물을 파는 것입니다.

** Repo거래(환매조건부채권매매): 일정기간 경과한 후에 다시 사는 조건으로 채권을 판매함으로써 자금을 필요로 하는 기관이 단기자금을 조달하는 금융수단입니다. 예를 들면 한 달 뒤에 1,100만 원을 줄 테니 일단 1000만 원을 꿔달라는 내용의 채권을 판매하는 것입니다.

*** 대차거래: 주식을 빌려 판 후 가격이 떨어지면 다시 사서 차익을 얻는 것입니다.

어떻게 준비하나요?

금융공학, 경제학, 경영학, 회계학 분야의 지식을 습득하고 있으면 유리합니다. 금융공학 전공 출신자가 많아요. 일반적으로 금융회사에 취업해서 채권 관련 교육 수료 및 지식을 습득합니다. 채권투자/운용업무담당자, 기금운용업무담당자, 채권중개업무담당자, 채권투자운용업무를 담당하는 기관투자자 등으로 양성되는 경우가 많습니다. 금융회사에 입사한 후에는 금융투자협회에서 개설한 대학생을 위한 채권기초, 채권운용전문가, 채권전문가 Session 1, 2 등의 교육과정을 이수해서 이론적 기초를 쌓아두는 것도 좋습니다.

이 직업의 현재와 미래는?

자본시장통합법 시행으로 각종 투자상품이 개발되고 있고, 미국 서브프라임 모기지 사태로 인해 안전한 자산에 투자하고자 하는 요구가 많아지고 있습니다. 이 때문에 앞으로 채권시장은 지속적으로 성장할 것으로 보여요. 이에 일반투자자들도 쉽게 채권을 거래할 수 있어 거래가 대폭 활성화될 것으로 기대되고 있습니다.

이 때문에 장, 내외 채권시장에 투자하는 투자자들을 대상으로 원활한 거래를 위해 국공채를 중심으로 풍부한 유동성을 공급해야 하는 업무를 담당하는 채권자산운용가의 가치는 커지고 있습니다.

그러나 채권전문가를 육성하는 데 있어서 소요되는 회사의 비용 부담 등으로 인한 진입의 어려움도 있다고 합니다.

+ + + + + + + + + 지 식 　 더 하 기 + + + + + + + + +

– 우리나라 채권시장

1949년 재정적자를 보전하기 위하여 건국국채가 발행되었어요. 그 후 전후복구와 경제재건을 위한 재원조달목적으로 '53년 산업부흥국채, '70년 국민투자채권, '75년 양곡증권 등의 채권이 발행되었습니다. 정부의 단기재정정책 및 통화금융정책을 효율적으로 수행하기 위해 '77년 재정증권 채권이 발행되는 등 '70년대까지의 채권발행시장은 대체로 국공채 중심으로 형성돼왔습니다.

'78년 이후부터는 기업의 자금조달방법으로 채권(회사

채)발행이 주식발행을 압도해왔습니다. 그러나 '88~'89년에는 주식시장의 활황에 힘입어 주식발행에 의한 자금조달이 채권발행보다 월등히 많아지기도 했어요. 1989년 2월 이후에는 회사채 중심의 채권시장이 통화채* 중심의 시장으로 바뀌었습니다.

'97년에 접어들면서 정부는 채권시장개방을 앞두고, 채권시장의 활성화를 위해 채권발행자유화조치를 내놓았어요. 이에 따라 '97년 7월부터 은행권의 금융채발행을 비롯해 증권사에 회사채발행이 허용되고, 10월에는 회사채발행물량조절이 폐지됨으로 채권발행시장이 한층 확대 되었습니다.

2000년에는 위험이 적은 자산을 선호하는 현상이 심화되어 회사채발행여건이 크게 악화되었어요. 그러나 ABS**와

---

* 통화채(통화조절용채권): 통화당국이 시중에 돈이 지나치게 많이 풀려 있을 때 발행하여 돈을 거둬들이기 위해 발행한 채권을 말합니다. 반대의 경우에는 다시 사들여 통화량을 조절합니다.

** ABS(자산담보부채권): 자산을 담보로 증권을 만드는 것입니다.

*** Primary-CBO(Collateralized Bond Obligations): 채권을 기초자산으로 발행되는 자산담보부채권(ABS)을 말하며 신규발행채권을 기초자산으로 발행하는 CBO를 Primary-CBO라고 합니다.

Primary-CBO***등의 발행 호조로 채권발행규모가 커지면서 회사채발행은 사상 최고수준을 기록했습니다. 한편, 재정수요의 증가와 외국인 투자자금의 유입으로 국채발행이 증가 추세를 보이며 이것이 채권시장의 중심축으로 자리 잡는 모습을 보였습니다.

– 채권 제대로 이해하기

앞서 살펴보았듯이 채권은 신용도가 높은 국가나 공공기관 또는 금융기관에서 많이 발행합니다. 예를 들어 정부에서 신성장동력 산업에 신규지원을 위해 500억의 돈이 필요할 경우, 500억 원이란 금액만큼 채권을 발행해 국민이나 기관투자자들로부터 모금하는 것입니다. 임웅재 씨가 5억 원을 투자한다면 5,000만 원의 이자를 주겠다고 약속하고 5억 5천만 원에 대한 채권증서를 발행합니다. 이렇게 만들어진 채권증서는 돈과 똑같은 가치가 있어 사고파는 것이 가능합니다.

증권중개인

2013년 8월. 전 세계의 신문들은 일제히 한 여성의 사망기사를 실었습니다. 뮤리얼 시버트 Muriel Siebert. 그녀는 1967년에 뉴욕 증권거래소 최초의 여성회원이 됨으로써 보수적인 뉴욕 금융계의 문을 연 사람입니다. 당시는 한 금융역사가가 "월가의 남녀 차별은 지독하다. 월가의 사람들은 그 곳이 전쟁터만큼이나 여성이 어울리지 않는다고 생각한다."라고 평가할 정도로 월가는 금녀의 구역이나 마찬가지였는데도 말이죠.

자신의 증권사를 소유하고 증권거래소의 정식회원이 되기에 이르렀던 그녀의 출발은 증권브로커 즉 증권중개인이었습니다. 뮤리얼은 항공산업의 가능성을 간파하고 보잉사주식을 대거 매입하도록 추천해서 고객에게 어마어마한 수익을 가져다준 유능한 사람이었어요. 그렇게 주식 종목을 고르는 안목이 뛰어났고, 이런 활약으로 수많은 남성 중개인들을 제치고 최상위급 연봉을 받곤 했습니다. 여성은 증권거래소의 회원도 될 수 없었던 시기에 증권사가 그녀에게 고액 연봉을 지불했던 이유는 무엇일까요? 바로 그런 중개인들이 증권사로 고객을 끌어오기 때문이지요.

증권사의 주요 수입원은 바로 거래 수수료! 그런데 증권사를 통해 주식 등을 사고파는 고객들은 뮤리얼 시버트와 같은 유능한 중개인이 있는 증권사에서 거래하는 것이 당연하지 않을까요? 펀드매니저에게 투자를 위임하는 사람들과 달리 직접 투자종목을 고르는 수많은 개미투자자들의 경우 증권 중개인의 능력에 따라 자신의 수익이 크게 좌우되니까요.

어떤 일을 하나요?

증권중개인은 주식, 파생상품, 채권 등을 사거나 팔려는 법인 및 일반인을 위해 그들이 원하는 거래 주문을 받아서 거래를 성사시키는 일을 합니다. 우리나라 증권중개업무는 한국증권거래소를 통하여 회원사로 가입한 증권회사들의 매매에 의하여 이루어지는 형태입니다. 현재 우리가 말하는 중개인이란 일반적으로 증권회사, 은행, 보험사 등에 소속되어 일반인들에게 주식, 파생상품, 금융상품 등에 투자를 권유하거나 판매하는 사람을 지칭한다고 할 수 있어요. 증권중개인은 일반적으로 중개를 위한 자격을 중심으로 업무영역별로 다음과 같이 구분합니다.

① 주식중개인

증권투자상담사^{Certified Securities Investment Advisor}는 증권회사에서 증권에 관한 전문지직과 경험을 바탕으로 고객에게 투자에 대한 적절한 조언을 해주고, 고객의 자산을 늘려주는 데 앞장서는 사람입니다. 주로 주식·채권 등 현물유가증권에 관한 영업 및 상담활동을 하고 있어요.

② 파생상품 중개인

파생상품투자상담사^{Certified Derivatives Investment Advisor}는 금융투자회사에서 일반투자자를 상대로 파생상품*에 대하여 투자를 권유하거나 투자에 관한 상담 업무를 수행하는 인력을 말합니다.

③ 금융상품 중개인

펀드투자상담사^{Certified Fund Investment Advisor}는 판매하는 상품 종류에 따라 다음과 같이 구분돼왔습니다.

---

* 파생상품: 주식, 통화, 금리 또는 상품시장에서 파생되어 나온 상품들을 말해요. 눈으로 볼 수 있는 실체가 없이 당사자 간의 계약으로 거래되는 게 특징입니다.

증권펀드투자상담사: 투자자에게 국내에 나와 있는 주식형 펀드에 투자를 권유하거나 투자에 관한 상담업무를 수행합니다.

파생상품펀드투자상담사: 투자자에게 주식·통화·금리 등 금융상품에서 파생돼 나온 것들에 투자하는 파생상품펀드에 투자를 권유하거나 투자에 관한 상담업무를 수행합니다.

부동산펀드투자상담사: 투자자들에게 부동산에 투자하여 나오는 수익을 돌려주는 부동산펀드상품에 투자를 권유하거나 투자에 관한 상담업무를 수행합니다.

특별자산펀드투자상담사: 투자자에게 투자 대상 자산의 종류가 다양한 특별자산펀드에 투자를 권유하거나 투자에 관한 상담업무를 수행합니다.

그러나 앞으로 증권·파생상품·부동산·특별자산 등으로 나뉜 펀드투자상담사 자격이 하나로 합쳐질 예정입니다. 이 경우 증권사 직원 한 명이 주식형펀드는 물론, 파생상품 권유까지 할 수 있어요. 고객 입장에선 더욱 간편한 상담이 이루어지겠지요.

④ **채권중개인 Bond broker**

증권거래소의 채권시장이나 장외(거래소 외)시장에서 채권을 거래하는 중개인을 말합니다. 증권회사 지점*에서 채권을 판매하는 업무 또는 본부** 부서에서 대량의 채권을 중개하는 업무를 수행합니다.

어떻게 준비하나요?

세계경제에 대한 기본상식을 갖추고 경기를 예측하거나 주식, 채권, 금융상품시장을 예측할 수 있는 능력을 기르는 것이 중요해요. 관련된 학과로는 경영학, 경제학, 회계학 등이 꼽힙니다. 또한 이공계 전공의 경우 각종 금융상품구조, 업종·산업분석, 각종 통계자료분석 등 수리적 능력이 중요시되어 많은 이점이 있어요.

증권중개인의 경우 중개할 수 있는 분야가 구분되어 있어 금융투자협회에서 시행하는 각종 자격증을 취득하여 업계로 진출할 수 있습니다. 주식, 금융상품 분야의 중계인은 관련 자격증을 습득해 준비할 수 있지만, 채권중계인의 경우 필수 자

---

* 증권회사지점: 금융상품판매자가 채권판매업무담당

** 증권회사본부: 채권영업(중개)팀, 법인영업팀 등에서 중개업무담당

격증은 없습니다.

일반적으로 금융회사 입사 후 개인의 능력, 적성에 따라 내부적으로 육성되는 경향이 큽니다. 기회를 얻기 위해서는 관련 교육을 이수하는 등 채권시장에 대한 지속적인 관심과 준비가 필요합니다.

이 직업의 현재와 미래는?

2009년 자본시장통합법 시행에 따라 금융상품(채권, 펀드, ELS 등)에 대한 상품개발 등 규제가 완화되었어요. 따라서 고객의 요구에 부응한 상품개발을 위해 노력하고 있어요. 또한 최첨단거래시스템과 같은 금융 인프라를 구축하고 제공하는 데 경쟁적 구도가 형성되고 있습니다. 금융투자업의 진입요건 또한 낮아져 상품판매 및 중개업무가 경쟁적으로 확대될 것으로 예상됩니다.

자본시장통합법에는 투자자 보호가 대폭 강화되어 있습니다. 따라서 투자 권유 시 상품의 내용과 위험을 상세하게 설명하는 의무가 강화되어요. 또한 업무 역량 및 교육 강화의 필요성으로 중개업무를 담당하는 직원들의 전문성이 강화되고 있어요.

신규로 개발되는 금융상품이 많고 상품판매에 따른 인력이 부족하여 증권중개인에 대한 수요는 증가할 것으로 보입니다. 또한 앞으로 금융시장에서는 다양한 금융상품의 수요가 증가할 것으로 예상됩니다. 정부도 자본시장통합법을 통해 자본시장을 확대하려는 정책을 추진 중입니다.

이에 따라 중개인의 역할과 중요성이 강화될 것으로 보입니다. 현재 각 금융회사들도 인재육성을 위해 관련 교육에 힘쓰고 있습니다.

금융시장에서는 계속해서 새로운 금융상품들이 개발, 출시되어 고객들에게 소개되고 고객들은 여유자금을 이용하여 재테크를 원하고 있습니다. 이때 증권중개인은 전문성을 가지고 주식, 채권, 금융상품과 고객을 연결해주는 다리 역할을 합니다.

따라서 경제 상황과 새로운 금융상품 등에 대해 한 발 앞서 정보를 모으고 공부하는 것이 증권중개인의 중요한 능력입니다. 항상 공부하는 자세를 유지해야 하는 직업이라 할 수 있습니다.

ELS(Equity Linked Securities 주가연계증권)

주가지수연동 금융상품으로 말 그대로 주가와 연동되어 수익구조가 결정

되는 상품입니다. 원금이 모두 보장되는 유형과 원금의 일부만을 보장해주

는 대신 파생상품에 투자하는 유형으로 구분됩니다. 대체로 운용실적에 관

계없이 만기에 약속한 원금과 수익을 보장해 주는 형태가 일반적입니다.

펀드매니저

워렌 버핏^{Warren Buffett}이라는 유명한 투자가가 있습니다. 미국에서 빌 게이츠 Bill Gates와 함께 최고 부자의 명단에 꼭 오르는 사람이죠. 이 사람이 40년간 평균적으로 얼마의 수익을 올렸는지 살펴보니 22%였다고 해요. 요즘 은행 연이율이 3% 수준인 것을 감안하면 엄청난 투자수익이죠. 연평균 수익률 22%라는 말이 잘 와 닿지 않는다고요? 천만 원을 은행에 넣어두기만 해도 매년 220만 원을 거저 주는 겁니다. 하지만 안타깝게도 이처럼 은혜로운 은행은 없어요.

그럼 이건 어떤가요? 20세의 청년이 1년간 돈을 모아 천만 원을 만든 뒤, 이를 워렌 버핏이라는 투자전문가에게 맡깁니다. 딱히 이 돈에 대해서 별 신경을 쓰지도 않고 지내다 40년 뒤 은퇴를 하면서 그에게 맡긴 돈을 찾았는데 이것이 계속 불어나 수십억이 된 거예요. 실감이 나나요?

워렌 버핏은 금융자산투자전문가 즉 펀드매니저입니다. 사람들로부터 투자금을 모아 펀드를 조성하고 이것을 각종 금융상품에 투자하여 돈을 불리는 사람이죠. 많은 사람이 은행이율보다 높은 수익을 꿈꾸며 주식투자를 시도하지만, 정작 성공했다는 사람을 찾기는 힘듭니다. 이 때문에 개인투자자들의 고충을 '개미(소규모 개인투자자들을 비유하는 말)는 큰돈을 못 번다.'고 표현하기도 하지요. 이유가 뭘까요?

투자전문가인 워렌 버핏은 수많은 명언을 남겼는데요. "평가할 수 없는 기업에는 투자하지 말라"는 말이 특히 유명합니다. 즉 어떤 기업이 성장 가능성이 있는지를 철저히 분석해서 유망한 기업에 투자해야 한다는 것이죠. 그런데 사람들은 이런 준비 없이 일확천금만을 꿈꾸며 과도한 위험을 부담한다거나, 군중심리에 휩쓸려 남을 따라가기에 급급한 등의 실수를 저지르곤 합니다.

사실 어떤 기업이 성장 가능성이 있는지를 파악하기가 쉬운 일은 아니어서 전문지식도 부족하고, 각자 주어진 일도 해야 하는 일반인들은 애초부터 금융자산투자에 성공하는 것이 어려운 일이에요. 그래서 펀드매니저라는 직업이 필요한 것이겠죠?

어떤 일을 하나요?

펀드매니저는 은행, 증권사, 투자신탁회사, 보험사, 투자자문사 등 금융기관에서 대규모 투자자금을 굴리는 전문투자자들을 말합니다. 펀드는 보통 손실의 위험을 피하기 위해 주식, 채권, 파생금융상품, 현금 등으로 나누어 운용돼요. 대부분의 펀드매니저들은 수익증권이나 뮤추얼펀드와 같은 간접투자상품을 개발해서 투자고객들에게 판매하고, 그 상품을 잘 관리해서 높은 수익률을 투자고객들에게 되돌려 줍니다. 주식은 가격변동이 워낙 심해 고난도의 투자기술이 요구되지요.

펀드매니저라고 하면 통상 '미다스의 손', '주식투자전문가'라 불리는 것도 이 때문입니다. 전문지식과 노하우를 가지고 운용자산의 특성에 맞추어 투자자들이 맡긴 돈을 가장 효율적으로 투자해 이익을 내며, 이 이익금은 투자자에게 되돌아갑니다.

펀드매니저는 자금 사정의 변화 및 주식시장의 변동에 따라 포트폴리오^{Portfolio}(투자자산의 구성)를 조정하여 항상 최대한의 이익을 얻도록 투자계획을 세우게 됩니다. 고객들로부터 모이게 되는 자금은 펀드(뭉칫돈) 단위로 운용되는데요. 일정한 금액이 모이면 펀드의 모집은 마감됩니다. 운영되는 펀드별로 수익률은 다를 수밖에 없는데, 펀드의 투자대상 및 펀드를 운용하는 펀드매니저의 능력에 따라 수익률에 차이가 생긴다고 합니다.

펀드매니저들은 한 사람이 몇 개의 펀드를 운용하기도 하고 하나의 펀드에 여러 명의 펀드매니저들이 팀제 형태로 참여하기도 합니다.

어떻게 준비하나요?

업무와 연관된 대학의 학과로는 경영학과, 경제학과, 국제경영학과, 국제경제학과, 금융공학관련학과, 재무금융학과, 통계학과 등이 있어요. 일부 회사에서는 석사 이상의 학위나 경영대학원(MBA) 과정의 수료를 요구하기도 합니다.

펀드매니저가 되기 위해서는 투자운용인력의 윤리, 직업관 및 금융투자 관련 법규에 대한 지식을 갖추는 것이 필요해요. 각종 투자기법, 리스크관리, 주식·파생상품·부동산 등의 투자대상에 대한 분석방법 등의 지식도 필요합니다. 따라서 자산운용회사, 종합금융사 등에 입사하여 일정 기간 이상의 운용업무경력을 쌓는 것이 필요합니다. 또는 증권사에 입사한 뒤 주식투자의 노하우를 쌓고 은행, 보험사, 공무원연금, 국민연금 등의 자금부나 신탁부에서 자금운용 업무를 하게 됩니다.

현재 금융투자협회에서 펀드매니저 관련하여 몇 가지 자격증제도를 실시하고 있습니다. 바로 일임투자자산운용사와 집합투자자산운용사, 이 두 자격증인데요. 응시제한은 없다고 합니다.

일반적으로 우리가 말하는 펀드매니저는 집합투자자산운용을 담당하는 전문가(집합투자자산운용사)를 말합니다.

집합투자자산운용사(Certified Collective Investment Manager)

신탁재산 및 고유재산 그리고 투자자문계약재산 등의 투자, 운용과 관련된 업무에 종사하는 일반운용전문인력(RFM)을 말합니다.

일임투자자산운용사(Certified iscretionary Investment Manager)

자산설계전문인력(FP)으로 투자일임재산을 금융투자상품 등에 운용하는 업무를 수행합니다.

이 직업의 현재와 미래는?

최근 몇 년간 우리나라 금융시장은 복잡해지고 고도화되고 있습니다. 선진 금융공학과 그것에 의해서 만들어진 수많은 상품들이 존재하지요. 고객들의 자산관리 요구에 부합하여 자산운용시장도 많이 성장하고 있는 상황입니다. 과거 몇 년 전까지만 해도 일반인들에게 펀드라는 금융상품은 매우 생소 했습니다. 그러나 지금은 우리 금융 생활 속으로 들어와 아주 친밀한 단어가 되었어요.

또한 자본시장통합법 시행으로 금융상품의 개념이 더욱 명확해지고 있습니다. 주식 · 파생상품 · 채권 · 부동산 등의 투자대상물에 대해서도 제도적으로 보완 · 강화하는 등 금융시장의 성장을 위한 노력들이 지속적으로 이루어지고 있어요. 이에 따라 금융시장의 규모 또한 커지고 다양해질 것이라고 금융 관련 전문가들은 예상하고 있습니다.

자본시장통합법에 의한 금융상품의 개발과 제도적 안정화, 펀드산업에 대한 개인들의 이해와 재테크에 대한 관심이 증가할 것으로 예상됩니다. 금융산업의 큰 축으로 주목받고 있는 주식, 채권, 각종 원자재 관련 펀드의 운용규모가 커지고, 대중화되는 등 앞으로 금융산업은 더욱 더 발전할 것으로 예상되고 있어요. 따라서 펀드매니저가 될 수 있는 기회도 많아질 것으로 기대되며 전문성이 중요시되는 직업인만큼 능력에 따른 이직의 기회도 커질 것으로 예상됩니다.

　복잡한 금융시장에서 수익을 얻기 위해서는 국제사회, 경제, 정치 등 각 분야에 대한 전문적인 지식이 필요해요. 또한 자신을 믿고 자금운용을 맡긴 고객들의 수익을 위해 최선을 다하는 책임의식이 요구되는 직업이라고 할 수 있어요.

　또한 펀드매니저들의 판단과 소신에 의해서 투자되는 것이 펀드입니다. 그러므로 고객의 돈을 대신하여 투자하는 펀드매니저에게 요구되는 또 하나의 중요한 덕목이 도덕성이라 할 수 있어요. 펀드매니저들이 수익률 향상에 지나치게 집착한 나머지 기본 도덕마저 무시하게 되지는 않을까 하는 우려의 목소리가 있기도 합니다.

　그렇기 때문에 펀드매니저는 고객의 돈을 관리하는 선량하고 도덕적인 관리자로서 투자자의 이익을 대표하며 입직 시 투철한 직업정신과 윤리의식이 중요한 역량으로 요구되고 있습니다.

수익증권

일반적으로 여러 사람의 자금을 모아서 운용전문회사(투신사 등)가 운용하고 그 수익에 따라서 배분하는 상품에 대한 증서

뮤추얼펀드

펀드매니저가 돈을 모아 기금을 마련해서 투자회사를 만들어 투자하고 투자자들과 수익을 나눠 갖는 것입니다. 법적으로는 독립된 회사이지만 실제로는 Paper 상으로만 회사인 Paper company입니다. 펀드매니저가 독립된 회사처럼 모든 것을 관리합니다.

애널리스트

증권회사나 투자은행에서 일하고 싶다고요? 펀드매니저랑 애널리스트. 둘 다 멋있는 직업인 것 같은데 그 차이를 모르겠다고요? 한마디로 정의하자면 펀드매니저는 '투자가', 애널리스트는 '분석가'라고 할 수 있어요. 금융업계 사람들은 애널리스트를 적혈구에 비유하곤 합니다. 자본시장 구석구석에 산소처럼 신선한 투자정보와 아이디어를 전달하기 때문에 그렇다고 하네요.

주식투자로 돈을 버는 원리는 간단합니다. 좋은 회사의 주식을 낮은 가격에 사서 높은 가격에 파는 것이죠. 그러니 주식시장에서 가장 중요한 것은 기업에 대한 정보입니다. 주식가격이 낮을 때 사려면 다른 사람보다 먼저 해당 회사에 대한 정보를 얻어서 주식가격이 오르기 전에 사야 하고, 주식을 보유하고 있다가도 주가가 떨어질 만한 악재가 있으면 미리 알아채고 팔아야 하니까요. 하지만 이게 어디 쉬운 일인가요?

현대자동차라는 기업을 분석하는 애널리스트가 현대자동차만 조사하면 될까요? 아닙니다. 현대자동차를 제대로 분석하려면 경쟁기업을 알아야죠. GM, 도요타와 같은 글로벌 기업도 낱낱이 파헤쳐야 해요. 그래서 성공적 투자의 키를 쥐고 있는 사람, 기업을 분석해서 투자정보를 생산해내는 애널리스트의 책임은 막중하고 하루는 고단합니다.

어떤 일을 하나요?

애널리스트는 자신의 회사나 회사의 개인 및 기업고객들의 주식, 채권, 파생상품 등에 대한 적절한 투자판단을 위해 각종 정보를 제공합니다. 이를테면 경제예측, 산업분석, 개별 종목분석 등을 통해 투자 의견과 목표주가를 제시하고 이와 관련된 정보들을 리포트 형태로 제공하는 일을 해요.

일반적으로 증권회사에서 투자조사직업을 애널리스트라고 통칭해서 부르는데요. 이코노미스트Economist, 스트래티지스트Strategist, 차티스트Chartist 등 세부적인 업무 내용에 따라 구분해서 부르기도 합니다.

애널리스트

자신이 분석하고, 정보를 제공하는 담당 업종의 산업을 전망하고 개별기업의 가치를 분석하여 투자자들에게 투자의견을 제시하는 업무를 합니다.

이코노미스트

경제분석가로, 한 나라에서 한 해 동안 생산된 모든 최종 재화와 서비스의 가치를 그 해의 평균 인구로 나눈 값인 국내총생산(GDP)과 성장률, 물가상승률 그리고 고용 등 보다 거시적인 경제변수들을 예측하는 업무를 합니다.

스트래티지스트

경제·산업·금융시장의 각종 자료를 면밀히 분석해서 투자가나 펀드매니저 등에게 주식·채권·현금의 운용 및 해외투자 비율을 조정하도록 제안하는 업무를 합니다.

차티스트

주가지수, 각종 경제지표, 그래프분석, 기업주가의 기술적 분석 등으로 주식이 거래되는 현황에 대한 진단 및 전망 등을 하는 전문가를 말합니다.

애널리스트는 매매를 중개하는 중개자로 불리기도 합니다. 이들은 크게 증권회사 리서치부서에서 개인투자자에게 매매중개나 리서치 결과를 제공하는 셀−사이드 애널리스트Sell-side Analyst와 자산운용사, 투신사에서 근무하는 바이−사이드 애널리스트Buy-side Analyst로 구분할 수 있어요. 대량으로 증권을 사들이는 사람들이라서 '바이-사이드'로 이름이 붙여졌으며 자기 회사의 매니저들을 위해 리서치 결과를 제공합니다.

증권사 애널리스트와 운용사의 애널리스트는 모두 각종 정보를 수집하고 경제, 산업, 종목분석 등을 수행하며 자산배분, 주식시장 및 개별업종과 종목에 대한 투자의견과 타깃지수 등을 제시하는 업무를 수행합니다. 다시 한 번 설명하자면, 증권회사 애널리스트는 분석자료를 외부에 발간하여 공개하고, 운용사의 애널리스트와 펀드매니저들에게 자신의 의견을 적극적으로 알리고 정보를 제공하는 마케팅도 함께 수행합니다. 반면에 운용사의 애널리스트는 작성한 자료를 내부에 발표하고, 해당 운용사의 펀드매니저에게 정보 및 분석결과를 제공합니다.

애널리스트들은 각종 기관에서 제공되는 데이터정보 및 뉴스를 분석하여 경제 및 업계현황을 전망하여 산업을 분석합니다. 또한 개별기업 분석을 위해 해당 기업의 공시자료를 꼼꼼히 분석한 후 기업탐방(방문)을 통해 좀 더 구체적인 내용을 조사한 후 자료를 작성하여 발간합니다.

어떻게 준비하나요?

애널리스트가 되기 위한 별도의 정규교육과정은 없습니다. 대학에서 경영이나 경제, 회계, 통계, 금융 등의 관련 학과를 전공하면 취업에 유리하다고 해요. 애널리스트에게 가장 기본적으로 요구되는 지식이 재무와 회계, 경제이기 때문입니다.

애널리스트는 재무관리, 투자론, 파생상품론, 재무제표분석론, 회계학, 통계학, 경제학, 국제경제학 등의 전문지식을 갖추고 있어야 합니다. 그래서 일부 금융기관에서는 경영, 경제 분야의 석사 이상 학위를 요구하는 곳도 있어요. 하지만 최근 들어 산업별 분석에 있어서 생명공학 등 이공계열 전문지식도 요구되고 있어서 이공계열 전공자도 입직하고 있는 추세랍니다. 이들은 대학원에서 경영, 경제 등의 분야를 전공하여 업무에 필요한 재무, 회계, 경제적 지식을 보충한다고 해요. 업무를 수행하기 위해서는 자신의 담당 업종에 대한 이해가 필수적이기 때문에 해당 업계에서 오랜 경력을 쌓은 후 애널리스트로 입문하는 경우도 있습니다.

애널리스트가 되기 위해서는 경제신문과 증권사기업분석 리포트를 꾸준히 읽어두는 것이 필요해요. 또 모의투자게임을 해보거나, 적은 금액으로 실제로 주식에 투자해보는 소액실전투자 등의 증권 관련 경험을 쌓는 것도 도움이 된다고 합니다. 최근에는 영문분석자료 작성이나 영어 프레젠테이션이 증가하고 있어 외국어 실력이 매우 중요하게 평가받고 있습니다.

특히 국제적으로 활동하기 위해서는 영어 외에 제2외국어의 능력도 요구됩니다. 이밖에 고객 앞에서 발표할 일이 많고 분석보고서를 작성해야 하므로 엑셀이나 파워포인트 등의 컴퓨터프로그램을 능숙하게 사용하는 실력을 쌓아두는 것도 중요합니다.

이 직업의 현재와 미래는?

연금, 기금, 저축, 펀드 등의 금융자산의 규모가 증가하고 있고, 주식에 직접 투자하는 것보다는 전문가들의 도움을 받아 간접 투자하는 것이 더욱 활성화될 것으로 예측되고 있어요. 또한 경제가 발전하면 할수록 자본시장 및 금융시장은 더욱 확대될 것으로 보입니다.

이에 따라 애널리스트의 산업별 분석영역도 더욱 확대될 것으로 예상하며, 장기적으로는 일자리가 증가할 가능성이 높습니다. 그러나 인력감축을 통한 비용감소 노력이 증권사, 보험사, 신용카드사 등 제2금융권에서 활발할 것으로 예상되어 당분간은 일자리 증가가 눈에 띄게 많지는 않을 거예요. 따라서 이미 성장되고, 포화된 국내시장을 벗어나 국외시장으로 눈을 돌리고 있어요. 외국시장에서 재능 있는 인력으로 인정받기 위해 외국어 실력을 쌓기 위한 노력이 필요합니다.

또한 직업의 특성상 상당한 수준의 전문적인 능력을 요구하기 때문에 실제로 애널리스트를 채용할 경우 대규모 정규채용보다는 결원이 생겼을 때 소규모 수시채용을 하는 경우가 많습니다. 특히 신규인력보다는 경력직 위주로 인력을 충원하고 있어 신규인력 수요가 크게 증가하지는 않을 것으로 전망되고 있어요.

고연봉 전문직이라는 인식과 함께 현재 직업선호도가 높은 편이며 대학에서 많은 관련 인력이 배출되고 있습니다. 유학파의 진출도 많아 입직경쟁은 향후 5년간에도 계속 치열할 것으로 보여요. 또한 애널리스트는 분석보고서를 통해 능력이 바로 검증되기 때문에 영업에 큰 도움이 되지 않을 때에는 가차 없이 퇴출되기도 합니다. 그래서 증권사에서 가장 불안한 직업으로 평가받기도 하지만, 반면에 자신의 능력에 따라 더 많은 연봉을 받을 수도 있고, 언제든지 더 좋은 조건의 회사로 이직하는 것도 가능하다는 이점이 있어 인기가 높아요. 한편, 여성 파워가 점점 커지고 있는 금융직업 중의 하나로, 여성 애널리스트 수가 증가하는 추세입니다.

앞서 살펴본 것처럼 애널리스트는 기업을 분석해서 투자 정보를 생산해내는 직업입니다. 이들은 기업에 대해 조사한 후 '리포트'를 작성해요. 해마다 수많은 리포트들이 쏟아지죠. 2013년, 쟁쟁한 애널리스트들이 작성한 것들 중 최고라고 평가되는 것 중의 하나의 제목은 '슈퍼스타 K는 결국 CJ E&M' 이었답니다. 미디어업계와 CJ E&M이라는 기업을 분석하면서 트렌드를 파악해 기업정보에 연결시켰다는 평을 들었죠.

〈슈퍼스타 K〉는 전 국민에게도 잘 알려진 오디션 프로그램이 아닌가요? 그렇습니다. 전문적으로만 느껴지는 애널리스트의 업무도 결국은 우리들 주변에서 일어나는 일, 유행과 밀접하게 관련되어 있습니다. 애널리스트는 결국 기업의 성장 가능성을 분석하고 예측하는 사람! 시대의 흐름을 파악할 수 있는 안목을 가지세요.

파생상품

외환 · 예금 · 채권 · 주식 등과 같은 기초자산으로부터 파생된 금융상품입
니다. 예를 들어 미래에 원유나 금 등 특정상품을 사거나 팔 수 있도록 만
들어진 선물. 즉 현재 금 가격이 500원이고 미래에 550원이 될 거라고 생
각되면 현재의 가격 500원으로 미래에 팔 수 있는 선물을 사서 50원의 미
래일정 시점에 진짜로 550원이 되면 금 선물을 사놓은 사람은 이득이 생
깁니다.

은행텔러

직업명을 듣고 사람들이 자연스럽게 여성 종사자를 떠올리게 되는 경우가 있습니다. 은행텔러도 그 중 하나예요. 여성 특유의 부드러움과 친절함, 단정한 용모와 환한 미소가 고객에게 좋은 이미지를 줄 수 있다고 생각해서일까요? 이외에도 꼼꼼한 계산과 정확한 업무처리가 필요한 분야인 만큼 여성의 신중함과 침착함이 필요하다는 이유도 있겠죠.

최근 한 시중 은행이 전략적으로 남성 텔러를 창구에 배치해서 화제가 되고 있습니다. 물론 전체적으로 보면 여성 텔러의 수가 훨씬 많지만 의도적으로 몇몇 남성 텔러를 채용한 것에 대해 사람들은 의아하게 생각했고 이목이 집중되었다고 해요. 남성 텔러의 채용 이유에 대한 은행 측의 입장은 이렇습니다.

"우선 남성 텔러가 드물다 보니 고객들이 호감을 갖게 되고, 남성 텔러의 듬직한 서비스에 대한 고객의 만족도가 높다"는 거예요. 특히 은행 업무시간에 창구를 방문하는 사람은 주로 주부나 여성인 경우가 더 많아 고객들의 반응이 좋다고 해요.

어떤 일을 하나요?

은행텔러는 은행창구에서 일어나는 각종 업무들을 신속하고 정확하게 처리하여 고객에게 도움을 주고 상담을 통해 문제 해결을 하도록 도와주는 직업이에요. 이들은 금융회사지점에서 주로 근무하며 고객만족경영을 위한 중요한 업무를 맡고 있습니다. 금전의 수납, 환전 및 지불 또는 우편서비스와 관련하여 은행, 우체국, 신용금고, 새마을금고, 기타 유사금융기관 등에서 고객과 직접 거래합니다.

금융회사에서 고객과 가장 먼저 만나는 직원이 은행텔러지요. 지속적으로 고객의 의견을 수집하고 고객의 요구 Needs를 파악하여 도움을 주는 금융회사의 얼굴이자 안내자입니다. 간혹 고객과 직접 대면하기 때문에 대화에서 오는 스트레스도 있지만 전문가로서 모든 고객에게 최상의 서비스를 제공하기 위해 노력합니다. 전문성을 높이기 위해 최신 금융정보를 늘 숙지하는 노력도 필요합니다.

어떻게 준비하나요?

　은행텔러가 되기 위해서는 상경계열학과 출신이 유리합니다. 과거에는 주로 상업계고등학교를 졸업하고 취업하는 경우가 많았으나 최근에는 대체로 전문대졸 이상 출신자들의 채용이 이루어지고 있습니다.

　상업계 고등학교에 진학하게 되면 상업 및 경영에 관한 기초지식과 기능을 교육받게 됩니다. 회계를 기초적으로 배우는 상업부기, 은행부기, 상업연습, 상업법규, 경영학 등 향후 업무에 도움이 되는 교육을 받을 수 있습니다. 또한 대학에서 상경계열학과나 법학 관련 전공을 하면 채용시험을 치를 때나 향후 업무를 수행하는데 유리합니다.

　금융권 입사 준비 시 경영, 경제 관련 지식은 필수이며 외국어 실력을 갖추어 놓는 것도 필요해요. 보통 입사하면 회사에서 실시하는 직무교육을 받고, 실무부서에 배치되어 6개월~1년 정도의 수습기간을 거치게 됩니다.

이 직업의 현재와 미래는?

은행의 경우 최근 몇 년 동안 다른 은행을 사거나 다른 은행과 합하는 등의 대규모 구조조정을 하고 있습니다. 은행들이 금융지주회사형태로 전환하고 있어 은행의 대규모 인력 감축과 같은 불안감은 다소 줄어든 것으로 전망되고 있습니다.

각종 금융정책과 다양한 상품개발로 인해 은행텔러에게 요구되는 지식 정도도 높아지고 있어요. 관련 지식을 쌓기 위해 노력해야 할 뿐 아니라 금융회사에서 가장 중요시하는 고객만족에 대한 서비스 강화를 위해 지속적인 교육훈련이 많아지고 있어요.

은행권에서는 전문 은행텔러 또는 은행 업무순환근무형태로 고용하고 있습니다. 은행 간 통합 및 자본시장통합법 시행에 따른 금융산업 발전과 함께 복지 혜택도 과거에 비해 많이 개선되고 있습니다. 이와 함께 전문성을 갖춘 은행텔러에 대한 요구가 증가할 것으로 보여요.

　무한 경쟁의 시대. 은행들도 온갖 마케팅 기법을 동원하며 고객 유치에 힘쓰고 있는데요. 은행의 이미지를 결정하는 데 은행텔러의 역할이 매우 중요하다고 합니다. 은행이 어떤 일을 하든, 결국 고객과 직접 접촉하고 가장 많은 시간을 보내는 사람이기 때문이죠.

　은행텔러의 불친절한 응대는 고객의 발길을 돌리게 하고, 텔러 한 명의 작은 실수가 은행에 대한 신뢰를 떨어뜨리기도 합니다. 이례적으로 남성 텔러를 채용한다든지 하면서 작은 부분에까지 신경 쓰는 이유가 바로 여기에 있는 것이지요. 사람을 대하는데 자신이 있고, 서비스의식을 갖춘 사람이 도전하면 좋겠지요?

금융지주회사

금융권에 속해 있는 여러 회사들을 자회사의 주식으로 보유한 일종의 페이

퍼 컴퍼니^{Paper Company}로 은행·증권·보험 등 다양한 금융계열사를 동시

에 소유하는 형태를 의미합니다. 각 계열사 간 원활한 협력시스템을 바탕

으로 영업이익을 높일 수 있어요.

금융자산관리사

서점에 가면 수많은 종류의 재테크 관련 서적들이 진열되어 있습니다. TV 채널에서도 다투어 재테크 정보프로그램을 방송하곤 해요. 상황이 이러하다 보니 이제 재테크라는 용어는 초등학생들에게도 익숙한 것이 되었습니다. 하지만 1990년대 초중반까지만 해도 이는 기업에서나 사용하는 신조어였습니다.

그도 그럴 것이 일단 재테크란 용어는 '재(財)무 테크놀로지Technology'의 줄임말로, 한자와 영어를 조합해 만든 단어이기 때문에 듣기만 해서는 그 뜻을 파악하기도 쉽지 않은 데다 일반 가정에서는 거창하게 재무를 기술적으로 관리할 일도 없었거든요.

당시만 해도 일반 개인에게 투자란 것은 직장을 다니면서 벌어들인 소득을 착실하게 저축하고, 목돈이 마련되면 그것으로 땅이나 집을 사는 정도가 전부였습니다. 정년을 채우고 은퇴를 하면 퇴직금을 받는 것이 보통이었으니까요. 하지만 90년대 말 외환위기가 닥치고 세계화가 급속히 진행되면서 사정은 달라졌습니다. 평생직장은 옛말이 되었고 40대 명예 퇴직자들이 속출했죠. 우리는 대기업들이 하루아침에 부도가 나는 것을 목격했습니다.

점차 사람들은 자신의 직장만 믿고 일만 할 것이 아니라 자산관리도 해야 한다는 생각을 하게 되었어요. 재테크 열풍은 그래서 시작된 겁니다. 자녀들을 안정적으로 교육시키기 위해서 3, 40대에 어느 정도의 저축을 해두어야 하는지, 노후준비를 위해서는 어디에 투자를 해두는 것이 좋을지를 고민하게 되었어요. 이에 은행이나 각종 투자신탁회사들은 고객 개개인의 상황에 맞는 자산투자에 조언을 해줄 수 있는 인력을 필요로 하게 되었습니다.

어떤 일을 하나요?

금융자산관리사는 고객의 금융자산을 어떻게 투자하고, 관리하는 것이 좋을지에 대해 상담해주고 대신 관리해주는 금융전문가입니다. 이들은 금융기관 영업부서의 재테크팀 또는 PB(Private Banking)팀에서 고객의 수입과 지출, 자산 및 부채현황, 가족상황 등 고객에 대한 각종 자료를 수집, 분석하여 고객이 원하는 Life Plan 상의 목표를 달성할 수 있도록 도와

줘요. 고객이 원하는 인생설계방향을 정확히 이해하고, 자산의 투자규모 및 고객의 투자성향을 분석하여 종합적으로 고객에게 이익이 될 수 있도록 자산운용전략을 세웁니다. 또한 고객이 투자상담을 요청할 때 이에 응답해주고 고객의 자산을 맡아 맞춤식으로 자산을 운용하고 관리해줍니다.

고령 인구 증가로 인해 은퇴 후를 염려하게 되는 상황이 많아지면서 짜임새 있게 금융자산을 관리하고자 하는 사람들이 나타나기 시작했습니다. 은퇴 후 재정적으로 안정된 생활을 할 수 있도록 현재 벌어들이고 있는 소득을 미래를 위해 효율적으로 투자하고 관리하는 것입니다. 금융자산관리는 미래를 위한 저축이라고도 할 수 있어요.

금융자산관리사는 고객의 현재 자산을 재투자하여 수익을 안정적으로 최대화하기 위한 목적을 달성하기 위해 노력합니다. 각종 세제 혜택 정보를 알려주고, 안정적 수익을 낼 수 있는 금융상품정보 등을 제공하는 컨설팅 전문가로서 역할을 하기에 고객들에게는 '금융주치의'로 불리기도 합니다. 정기적으로 이메일 또는 금융상품 홍보자료 Broucher 등을 제공하고, 고객의 자산 정도에 따라 일반, 우수, 최우수 고객으로 분류하여 차등화 된 프리미엄 서비스 등을 제공하기도 해요.

또 고객이 금융자산을 안전하게 나누어 투자함으로써 예상하지 못했던 위험으로부터 보호하는 포트폴리오 구성을 도와줍니다. 성장률과 물가 등을 전망하는 것은 물론, 주가와 금리 등 금융시장 전반에서 나타날 수 있는 여러 가지 변수들을 확인하고, 이를 감안해서 투자자에게 적정한 포트폴리오를 만들어 주고, 고객의 투자 성향과 포트폴리오를 고려해 고객에게 꼭 맞는 투자프로그램을 짜주는 역할을 하게 됩니다.

어떻게 준비하나요?

금융자산관리사는 각종 금융상품등의 정보를 상시 습득해야 하기에 각종 정보채널을 통하여 새로운 법규 및 재테크 기법 등을 익혀야 합니다. 또한 경제동향을 분석하고 예측하는 능력을 기르며, 고객의 자산을 합법적으로 관리하기 위해 법률 및 세무금융거래와 관련한 법률에 대한 지식도 가져야 해요. 고객의 은퇴 후를 위한 자산설계방향을 설정해주고 위험관리를 대신해주어야 하므로 이와 관련된 보험설계, 퇴직설계와 연금, (금융자산) 금융상품, 주식투자, 채권투자, 파생금융상품, 부동산취득과 같은 다양한 자산투자분야에 대한 전반적인 업무지식이 필요합니다.

이들은 증권사, 은행 등에서 주로 활동하고 있어요. 공인회계사나 세무사 자격증을 취득한 후 금융회사에 입사하여 자산관리컨설팅을 해주는 경우도 있고, 금융회사에 신규로 취업한 후 금융자산 관련 교육과정을 이수하는 경우도 있습니다. 이렇듯 회사의 지원을 받아 관련 전문가로 성장하거나 업무 경력을 쌓아 금융자산관리사로 일하는 경우가 많다고 합니다.

경제학, 경영학, 회계학, 세무학과 등 금융 관련 학과를 졸업하는 것이 유리하며 석사 이상의 학력을 갖추면 더 좋습니다. 은행이나 증권회사에 입사 후 관련 자격증을 따거나 회사 내부의 지원을 받아 전문적으로 양성되기도 합니다.

이 직업의 현재와 미래는?

아직 우리나라의 투자대상은 부동산, 주식, 채권 등이 주를 이루고 있어요. 각종 대중매체의 재테크 정보나 각종 금융도서들만 봐도 개인들의 투자 풍조가 일반적입니다. 고객의 재산을 관리해주고 불려주는 일을 하는 금융자산관리사라는 개념이 도입된 것은 최근의 일입니다. 아직도 자산관리시스템

정착이 미흡하고 전략들도 미성숙한 단계예요. 그러나 최근 금융자산종합관리업무가 각 금융권의 중요 업무로 부상하면서 금융자산관리사의 역할이 더욱 중요시되고 있습니다.

국내에서도 더 나은 서비스를 제공하는 판매사를 찾아 이동할 수 있는 '펀드판매사 이동제도' 도입이 검토되고 있어요. 이 때문에 증권사들은 경쟁적으로 자산관리시스템과 자사의 역량 강화에 힘을 쓰고 있는 상황입니다. 은행의 경우 관련 자격증 취득을 의무화하거나 자사의 브랜드를 두드러지게 나타낼 수 있는 전략을 찾는 데 고심하고 있어요. 또한 핵심 고객층에 집중하는 마케팅관리방법 등을 활용하여 시장을 선도하고자 경쟁하는 중이라고 합니다.

앞으로 자본시장통합법에 의한 금융시장 경쟁이 증권, 은행, 보험회사의 경계를 넘어 고도화되고 전문화될 거예요. 그렇기 때문에 아직 선진금융시장만큼 발전되지 않은 우리나라 금융자산관리시장의 미래발전 가능성은 클 것으로 예상됩니다. 현재 금융기관에서 금융자산부문 강화를 위해 인력을 보강하고 자산관리 교육을 실시하고 있어요.

또한 전문인력 채용에도 열을 올리고 있습니다. 앞으로 금융자산관리 관련 지식을 습득하고 기본역량을 강화하여 도전한다면 입직의 가능성도 높고 직업 미래도 밝을 것으로 보여요.

+ + + + + + + + +　한　　걸　음　　더　+ + + + + + + +

　　앞서 금융자산관리사가 '금융주치의'로 불린다는 이야기를 했습니다. 고객의 자산을 불려주는 것은 물론, 세제 혜택과 금융상품정보 등 금융과 관련한 각종 정보를 제공하는 컨설턴트의 역할을 해야 하죠. 금융자산관리사로서의 전문지식을 갖추는 것만큼 고객들을 관리하는 꼼꼼함과 대인관계능력, 의사소통능력 또한 중요한 능력임을 잊지 마세요!

+ + + + + + + + +　지　식　　더　하　기　+ + + + + + + +

금융자산관리사 발생배경

미국에서는 많은 사람들이 안정된 노후생활을 영위하기 위해 자금운용면에서 독립하려는 노력을 계속했고, 금융기관들은 이러한 개인들의 욕구를 만족시키기 위해 종합투자은행화를 추진하게 되었습니다. 이런 과정에서 고객의 자산을 평생 안정적으로 관리해주는 Financial Planner가 발생하게 되었습니다.

펀드 판매사 이동제도

증권사, 은행, 보험사 등 판매사를 통해 특정 펀드에 가입한 투자자가 중간에 서비스 불만 등을 이유로 같은 펀드를 판매하는 다른 판매사로 이동하는 것입니다.

외환딜러

관광객으로 붐비는 명동. 다양한 국가에서 온 관광객들이 주로 길거리쇼핑을 즐기는 곳입니다. 중국어, 일본어, 영어 등으로 판촉활동이 이루어지기도 해요. 그런데 유난히 중국인 관광객이 많은 시기도 있고 일본 관광객이 많은 시기도 있어요. 엔화의 가치가 높은 엔고시대에는 일본인이, 위안화의 가치가 높은 위안화 절상시대에는 중국인이 넘쳐난다고 하네요. 요즘은 위안화 절상의 시대라 한국을 방문하는 외국인 관광객 3명 중 1명은 중국인이라고 합니다.

불과 10년 전만 해도 한국 화폐의 가치가 훨씬 높았기 때문에 저렴하게 국외관광을 즐기고 싶은 사람들은 중국으로 여행을 떠나곤 했었지만 이젠 상황이 크게 바뀌었어요. 이처럼 국가의 화폐가치는 수시로 변합니다. 우리나라의 화폐가치가 급격히 하락했던 외환위기 때에는 수많은 유학생들이 학비 감당을 못해 귀국하기도 했어요. 화폐가치가 개인에게 끼치는 영향도 이렇게 큰데 어마어마한 규모의 외환을 투자의 대상으로 사고파는 외환시장에서는 어떻겠어요?

금액이 커질수록, 또 환율의 변동 정도가 커질수록 변화하는 화폐가치에 따라 손해나 이익의 정도도 커지기 마련입니다. 한순간의 판단착오가 수십억 원의 손해로 이어지기도 합니다. 28세의 외환딜러가 거래한도 규정을 준수하지 않아 100년의 역사가 넘는 은행이 파산했던 1995년 영국 베어링 은행 사건은 유명합니다.

하지만 세계 경제 흐름에 대한 빠른 판단 아래 적절한 투자를 한다면 자동차 수만 대를 팔아야 얻을 수 있는 이익을 몇 분 만에 이뤄내기도 합니다. 그래서 외환딜러는 '타이밍의 승부사'로 불립니다.

어떤 일을 하나요?

외환딜러는 국제금융시장에서 통용되는 달러(미국), 유로화(유럽연합), 엔화(일본), 위안화(중국), 바트화(태국) 등 각국의 화폐와 파생상품을 가장 싼 시점에 사서 가장 비쌀 때 팔아 그 차액만큼의 이익을 남기는 금융전문가예요. 이들은 국제금융시장의 동향을 파악하고 분석하는 데 힘을 쏟습니다. 또한 미래시장예측 등을 통하여 외화자금을 효율적으로 조달합니다. 금융기관 외환딜러들은 외화자금의 운용 업무를 담당하며 이에 따른 리스크관리업무도 병행하고 있어요.

'금융시장은 지지 않는다.'는 말이 있듯 외환시장은 밤 사이에 미국, 유럽시장이 개장되었다가 마감되고 아시아시장이 이어서 거래를 시작해 밤낮없이 지속되는 연속성을 갖고 있습니다. 이 때문에 외환딜러는 환율에 영향을 줄 수 있는 국내외 뉴스나 금융지표, 경제흐름을 다른 사람보다도 먼저 체크하고 매매거래를 위한 전략을 세우는 등 항상 남들보다 앞서기 위한 노력이 필요해요. 이런 노력과 인내만큼이나 그 성취감도 남다릅니다.

대량거래를 성사시키거나 매매에서 많은 차익을 남겼을 때 오는 성취감은 말로 표현할 수 없을 정도라고 합니다. 또한 금융전문가로서 대외적 명예, 각종 인센티브lincentive등 금전적 만족감도 상당히 높은 편입니다.

어떻게 준비하나요?

외환딜러가 되기 위해서는 경영, 경제, 회계, 무역, 통계학 관련 4년제 대학 이상을 졸업하는 것이 취업에 유리합니다. 경영(MBA), 경제, 회계분야의 석사이상 학위를 요구할 수도 있어요. 한국금융연수원이 금융사무원을 대상으로 국제 금융 전반에 관한 교육과정을 개설하고 있으며, 이외에도 일부 사설기관에서 외환딜러양성교육프로그램을 마련하고 있습니다.

외환딜러가 되는 방법은 일반적으로 두 가지로 나뉩니다. 첫 번째는 국내은행이나 증권사, 선물회사, 대기업 등의 공채시험에 합격하여 금융실무능력을 쌓은 후 테스트나 추천에 의해 외환업무를 담당하는 것입니다. 또 다른 것으로는 외국에서 경영, 경제학 등 관련 분야를 공부하고 세계적으로 공인된 국제외환딜러 자격증을 취득하는 방법이 있어요. 이를 취득하면 국내금융기관에 특별채용되거나 외국계 은행에 입사하여 수습과정을 받고서 외환딜러로 일할 수 있습니다.

이 직업의 현재와 미래는?

금융시장이 점진적으로 개방되고 변동환율제도가 도입되면서 기업들은 환율이 변동하여 발생하는 손해를 관리할 전문적 외환딜러의 필요성을 느끼게 되었습니다. 과거 외환보유액의 현저한 감소로 발생된 IMF 금융위기 때 많은 기업들이 파산하고 우리나라 경제도 어려움을 겪었기 때문입니다. 외환시장에서의 위기가 경제파탄의 시발점이었기에, 이후 외환시장 보유액을 증가시키는 데 많은 노력을 기울이게 되었습니다.

정부는 외환변동에 체계적으로 대비하고 서비스산업경쟁력을 강화하기 위하여 외환딜러, 선물거래사 등 지식기반서비스직종의 전문 인력을 양성하기로 결의하는 등 외환시장에 적극적인 지원을 해왔습니다. 이러한 외환시장에 대한 각종 지원. 및 관심과 더불어 외환거래가 증가되었어요. 이와 동시에 외환시장에서 핵심적 역할을 하는 금융전문가인 외환딜러에 대한 중요성도 커졌습니다.

우리나라는 외국으로의 수출이 경제활동에서 많은 부분을 차지하고 있어요. 앞으로도 우리나라 외환시장의 거래규모는 확대될 것으로 전망되고 있어요. 금융시장이 더욱 복잡해지고 커져가는 상황에서 외환시장의 승부사인 외환딜러에 대한 고용수요는 많아질 것으로 예상됩니다.

외환딜러로 일하려면 세계 경제의 흐름을 잘 파악하고 있어야 합니다. 직관, 분석력, 빠른 상황판단력과 결단력 등의 능력이 요구됩니다. 또한 스트레스 지수가 높은 직업 중 하나로 꼽히기도 합니다. 급변하는 외환시장에서 환율의 변동을 계속 체크하며 환차익을 얻기 위해서 항상 긴장감 속에서 근무해야 하기 때문이죠.

외환딜러들이 주문을 넣고 업무를 진행하는 곳을 딜링룸 Dealing Room이라고 하는데요. 워낙 긴박한 순간이 많다 보니 지위를 막론하고 존대 없이 의사소통을 할 때가 잦다고 합니다. 누구도 이를 신경 쓰지 않을 정도라고 해요. 금융전문가들 사이에서는 외환딜러를 '1초의 승부사'로 부를 정도로 초 단위 거래가 많아 제때 식사를 하기도 힘듭니다. 열린 마음과 체력도 중요하겠지요?

여신전문가

'은행의 진정한 VIP는 거액의 자산을 맡긴 사람이라기보다 돈을 많이 빌린 사람'이라는 우스갯소리가 있습니다. 아니, 빚을 진 사람이 VIP라니! 무슨 말이냐 싶지만, 알고 보면 이런 사람들이야 말로 은행에수익을 가져다주는 사람들이죠.

은행의 수입원은 다양하지만 대부분 '예대마진'이라는 분야에서 발생합니다. 예대마진은 예금이자와 대출이자의 차이인데요. 은행에 저축을 한 사람들에게 3%의 이자를 지급한다면 은행으로부터 돈을 빌리는 사람에게는 7%의 이자를 받아서 그 차액인 4%가 은행의 수익이 되는 것이라 합니다. 은행에 아무리 많은 돈이 예금된다고 해도 높은 이자를 주고 빌려가는 사람이 없다면 은행은 유지될 수가 없는 거죠. 그만큼 돈을 빌려주는 일. 즉 여신업무는 은행의 핵심 사업입니다.

그럼 무조건 높은 이자를 지불하는 사람에게 돈을 빌려주면 될까요? 아니죠. 그러다가 몇 개월만 높은 이자를 받고 돈을 빌려간 사람이 파산이라도 하면 원금도 못 돌려받을 수도 있습니다.

2011년 시작되어 지금까지도 이어지고 있는, 수많은 서민들을 울렸던 저축은행 사태가 그 증거예요. 건설사들에게 무분별하게 대출을 한 저축은행들은 건설경기불황과 함께 대출금을 돌려받지 못하게 되었고 결국은 파산에까지 이르렀습니다. 조금이라도 높은 이자를 받으려고 저축은행에 돈을 맡겼던 사람들의 희망도 함께 사라졌어요. 그래서 은행의 여신업무는 신중하고 투명하게 또 전문가에 의해서 이루어져야 합니다.

어떤 일을 하나요?

여신전문가는 금융기관의 여신 관련 부서에서 근무하며 기업에 대한 여신심사를 통해 대출이 가능한지 불가능한지를 결정하는 일을 합니다. 여신이란 금융기관이 기업 등에 돈을 빌려주거나 보증을 서주는 것을 말해요. 국내외의 경제상황과 기업의 신용도, 사업성을 꼼꼼히 분석해 살펴본 후에 결정을 내려야 합니다. 또한 대출이 가능하게 되면 대출 이자율 및 기간을 결정하고, 대출금을 돌려받지 못해 손해를 보는 일이 없도록 관리해야 하죠. 이렇듯 여신전문가는 돈을 빌려주는 데 필요한 종합적인 심사업무를 담당하는 금융전문가라 할 수 있어요.

일반적으로 금융기관은 개인고객 및 기업에게 돈을 빌려주고 이자를 받아요. 또한 고객들이 은행에 저축했을 때 예금이자를 줍니다. 대출이자에서 예금이자를 뺀 금액이 은행의 수익이 됩니다. 은행의 지점에서는 일정 금액 내에서는 각 지점에 있는 여신담당자가 대출 여부를 결정하여 진행해요. 그러나 큰 금액의 경우에는 본부(본사)의 여신전담부서에서 심사하여 대출 여부를 결정합니다.

따라서 여신전문가는 기업의 자금운영에 매우 중요한 역할을 담당합니다. 일반적으로 기업을 운영하는 데 필요한 자금을 빌려주기도 하고 수출기업의 경우 신용장 관련 업무도 합니다.

어떻게 준비하나요?

여신전문가로 일하려면 기본적으로 재무관리, 회계학, 통계학, 경제학 등의 지식이 필요해요. 대학에서 경영, 경제, 회계, 통계, 금융 등의 관련학과를 전공하면 취업하는 데 유리합니다. 최근에는 각 산업의 특성에 맞는 직원을 뽑아 전문성을 높이는 추세여서 상경계뿐 아니라 산업공학, 전자, 기계공학 등을 전공한 인력을 보충하기도 합니다.

　　여신전문가로 활동하는 대다수는 시중은행의 공개채용 등에 지원하여 은행원이 되어 근무하고 있다고 해요. 은행 내부 교육 및 각종 회사정책, 업무절차를 숙지하는 등의 준비를 통하여 여신전문가가 되기도 합니다. 관련 자격으로 국가공인 여신심사역 자격시험이 있는데요. 이 자격증을 취득하고 은행에 취업하여 전문가로서 활동하기도 합니다.

이 직업의 현재와 미래는?

　　여신전문가는 경기가 좋거나 좋지 않을 때 적절하게 대출 여부를 평가하는 업무를 합니다. 대출이 가능한지 여부에 따라 어떤 기업의 생존에 큰 영향을 줄 수도 있어요. 또한 기업이 더 성장할 수 있도록 자금을 지원하는 기회를 제공하는 매우 중요한 역할도 합니다. 그러므로 전문가로서 사회적, 경제적 책임이 필요한 직업임에 틀림없어요. 금융감독원의 발표에 의하면 기업 자금대출 규모는 해마다 증가하는 추세라고 합니다. 국내은행 기준으로 약 8개의 시중은행, 6개의 지방은행, 5개의 특수은행 등이 여신업무를 담당하고 있어요.

이들은 경제상황을 살피고 각종 규정에 의해서 자금을 집행하기도 하지만 기업 입장에서 기업인들이 알지 못했던 금융지원제도를 알려주기도 하는 기업 도우미라고 할 수도 있어요. 앞으로 금융시장이 더욱 확대, 발전할 것으로 전망되고 있는 만큼 여신전문가의 역할은 더욱 중요해질 것입니다.

+ + + + + + + + + **한 걸 음 더** + + + + + + + + +

여신전문가로 활동하려면 여신거래가 성립할 수 있는 조건 및 여신관리에 대한 전문적인 지식을 갖추어야 합니다. 또한 부동산 인적 기타재산담보, 담보평가, 여신분석, 워크아웃 등의 관련 자료에 대해서 공부해두는 것도 도움이 됩니다. 국내외 경제현황을 파악하고 기업의 가치분석을 위한 능력을 키우기 위해 신문, 잡지, 기업분석보고서를 꾸준히 읽어 두는 것도 중요해요.

워크아웃

위기에 빠진 기업의 가치를 되살리는 것을 말합니다. 기업을 되살렸을 때 그 가치가 크다고 판단될 경우 위기에서 벗어날 수 있는 방법을 찾는 것입니다. 기업의 가치를 향상시키기 위한 목적으로 사업의 재무, 소유, 지배 등 구조조정활동을 포함하는 개념입니다.

신용분석가

요즘은 지갑에 최소한의 현금만 넣어 다니는 사람이 많다고 합니다. 신용카드 한 장으로 모든 것을 해결합니다. 버스 요금도 신용카드를 단말기에 한 번 대면 끝. 인터넷에서 물건을 살 때도 신용카드 번호만 입력하면 되니 참 편리해요. 지불은 한 달 후 카드 결제일에 이루어집니다. 이 모든 것은 '신용' 즉 그 사람의 경제적 능력에 대한 믿음을 바탕으로 가능한 일입니다. 신용불량자는 신용카드를 발급받을 수 없으니 이러한 후불거래가 불가능하고 휴대폰을 개통할 수도 없어요. 그래서 21세기를 두고 '신용사회'라고 합니다.

2008년 전 세계를 파탄으로 내몬 금융위기, 그 단초가 되었던 '서브프라임 모기지' 사태를 기억하실 겁니다. 서브프라임Subprime이란 신용등급으로 프라임Prime 등급의 사람들에 비해서 신용도가 낮음을 이르는 말이죠. 그런데 미국의 금융기관들이 부동산경기가 좋은 것만을 믿고 이 서브프라임 등급의 사람들에게 과도한 주택담보대출(모기지morgage)을 해준 데에서 금융위기가 시작되었습니다. 신용등급을 우습게 본 결과, 실로 어마어마한 대가를 치른 셈이에요.

은행-기업 간 거래는 은행-개인 간의 거래에 비해서 그 규모가 비교도 안 되게 크니 신용의 중요성은 더욱 커지겠지요? 꾸준한 수익을 내어 대출금의 이자를 꼬박꼬박 갚을 수 있는 기업에만 돈을 빌려주어야 해요. 그래서 금융기관들은 저마다 신용평가 전문가를 채용해서 기업들의 대출금 상환능력을 꼼꼼하게 평가하고 있습니다.

어떤 일을 하나요?

신용분석가는 금융기관에서 돈을 빌려주는 여신 관련 부서에 근무하면서 돈을 빌리고자 하는 기업의 신용을 분석하고 신용등급을 결정하는 업무를 담당해요. 한마디로 기업이 금융기관에서 돈을 빌리면 일정기간 후 돈을 갚을 수 있는 능력이 있는지 없는지에 대한 신용을 평가하는 업무를 담당하는 금융전문가입니다.

이들은 먼저 기업의 신용등급을 결정하기 위해 기업의 수익성, 안정성, 현금흐름, 활동성, 산업위험도, 경영위험도, 영업위험도, 기술위험도 등을 평가합니다. 기업의 신용도를 단계별로 등급화하기 위해 필요한 것입니다. 국내은행의 경우

기업여신 신용평가시스템을 운영하고 있어요. 이 시스템은 외부인에 의하여 감사를 받는 외감기업과 외부인에 의해 감사를 받지 않아도 되는 비외감기업 등으로 분류하여 실정에 따라 10~20단계로 구분하여 운영하고 있습니다. 신용분석가는 최초로 돈을 빌리려는 시점에 대출 대상 기업에게 신용등급을 부여합니다. 이후 정기적으로 신용상태를 확인해 변화가 있는지 없는지 여부를 반영해 재평가한 후, 새로운 신용등급을 부여하는 업무를 수행합니다.

신용분석가는 업무 성격상 여신전문가와 동일한 부서에서 근무하는 경우가 많아요. 신용분석가가 금융회사의 내부 신용등급을 대출 대상 기업의 현재 신용상태에 기초하여 예측 가능한 요소들 즉 일정 기간 내 부도가 발행할 위험, 대출상환이 불가능할 수 있는 상황 등을 평가하여 분석합니다. 그러면 여신전문가는 그 자료를 기초로 하여 기업의 대출 여부를 확인하고, 대출이 가능한지에 대한 조건을 확인하는 업무를 수행해요. 서로의 정보 공유가 필수적입니다. 그래서 신용분석업무를 담당했던 전문가가 여신업무를 담당하기도 하는 등 상호업무 교류도 많은 편입니다.

어떻게 준비하나요?

전문대학과 대학교의 경영학과, 경영회계학과, 회계학과, 경제학과, 금융학과, 재무금융학과, 통계학과 등을 전공하면 취업과 업무수행에 유리해요. 또한 금융회사에 입사해서 해당 분야 전문가로 육성되는 경우도 많다고 합니다.

관련 자격으로 국가공인자격증인 신용분석사 자격이 있는데요. 1, 2차에 걸친 자격검정시험에 응시하여 합격한 후, 소정의 실무교육을 이수하고 3년 이상의 실무경력을 갖추게 되면 신용분석사의 자격을 얻게 됩니다. 이 자격을 취득하면 금융회사에서 신용분석전문가로 활동할 수 있어요. 일반적으로 경력을 중요시하는 분야이므로 관련 금융회사에 입사하여 자격증을 취득하고 리스크관리부서 또는 기업금융업무부서 등에서 근무하는 경우가 많아요.

이 직업의 현재와 미래는?

IMF 금융위기 이후 기업의 신용위험관리를 선진화하기 위한 노력이 이루어지고 있어요. 각 금융기관에서는 각각의 산업과 기업의 실정에 맞는 신용평가시스템을 개발하여 기업대출에 대한 의사를 결정해오고 있어요. 또한 이 시스템을 활용해 대출기업의 사후관리업무도 수행하고 있습니다.

기업의 입장에서 신용등급은 매우 중요하며 이러한 추세는 더욱 심화되고 있습니다. 특히 중소기업의 경우, 은행을 제외한 여타 금융기관을 통한 직간접적인 자금조달 여력이 떨어지는 경우가 많아 그 영향이 더욱 클 것으로 보입니다. 이런 이유로 신용이 좋은 중소기업을 중심으로 은행대출이 이루어지는 '신용에 따른 대출 부익부 현상'이 확산될 것으로 예상되고 있어요. 그러므로 신용분석가들은 각 기업의 미래성장 가능 동력과 각각의 실정에 맞는 신용평가시스템을 도입하는 데 앞장서고 있습니다. 이는 대출 불균형현상을 극복하고 발전 가능한 기업에 다양한 기회를 제공하는 데 그 목적이 있습니다.

금융감독원에 따르면 기업자금 대출 규모는 해마다 증가하는 추세입니다. 따라서 기업대출의 기준이 되는 신용평가시스템의 등급을 부여하는 신용분석가의 역할 또한 중요시되고 있어요. 국제사회에서도 신용평가의 중요성이 더욱 부각되고 있고 국제기준에 맞추어 신용평가시스템을 개발하는 것도 중요해졌습니다. 이러한 시스템의 발전이 예상되는 상황에서 신용평가업무를 담당하는 이들의 전문성 또한 더욱 크게 요구되고 있으며 앞으로의 취업 가능성 등은 밝을 것으로 예상됩니다.

+ + + + + + + + +　한　걸　음　더　+ + + + + + + + +

유능한 신용분석가가 되기 위해서는 기업회계, 재무, 현금흐름, 시장 환경, 법규 등과 관련된 자료를 해석할 수 있는 능력이 뛰어나야 합니다. 이 분야에서 일하기를 꿈꾼다면 신문이나 경제잡지 등을 통해 수시로 변화하는 글로벌 경제 상황과 국가별 경제정책에 대한 정보를 수집하고 분석해보는 등의 노력이 필요하지 않을까요?

+ + + + + + + +　지　식　더　하　기　+ + + + + + + + +

기업여신신용평가시스템(CCRS: Corporate Credit Rating System)
기업의 재무위험, 산업위험, 경영위험, 영업위험 등 기업의 신용에 영향을 미치는 재무 및 비재무 요소를 분석·평가하여 그 기업의 부실위험도와 종합적인 신용상태를 '부도확률'과 '신용등급'으로 나타내는 시스템입니다.

외감기업, 비외감기업

회사는 자산규모 일정 금액 이상이면 객관성을 높이기 위해 외부(회계법인)에서 회사 재무상황 등에 대해 감사를 받도록 되어 있는데 감사 대상인 기업을 외감기업, 비감사 대상인 기업을 비외감기업이라 합니다.

출처: 한국고용정보원 워크넷

홈페이지(http://www.work.go.kr)

한국고용정보원
Korea Employment Information Service

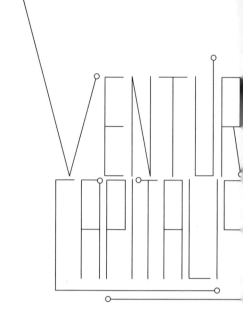

청소년들의 진로와 직업 탐색을 위한
잡프러포즈 시리즈 03

미래와 싸우는
벤처캐피털리스트

2016년 11월 30일 | 초판1쇄
2023년 4월 1일 | 초판5쇄

지은이 | 유인철
펴낸이 | 유윤선
펴낸곳 | 토크쇼

편집인 | 김수진
디자인 | 김경희
마케팅 | 김민영

출판등록 2016년 7월 21일 제2019-000113호
주소 | 서울시 서초구 나루터로 69, 107호
전화 | 070-4200-0327
팩스 | 070-7966-9327
전자우편 | myys327@gmail.com
블로그 | http://blog.naver.com/talkshowpub
ISBN | 979-11-958749-3-4(43190)